LES MÉTIERS DE LA BANQUE, DE LA FINANCE ET DE L'ASSURANCE

SOMMAIRE

Pour mieux vous repérer, consulter le mode d'emploi p. 4.

MÉTIERS

ÉTUDES

Les repères

Les filières

Mon parcours

EMPLOI

Mes débuts

GUIDE PRATIQUE

MODE D'EMPLOI

Pour mieux se repérer entre les différentes parties de ce « Parcours ».

MÉTIERS

16 pros racontent leur métier.

Pour aller plus loin, des rubriques :
- *Quel salaire ?*
- *Ça recrute ?*
- *Quels débuts ?*
- *Quelles études ?*

Info salaire p. 140

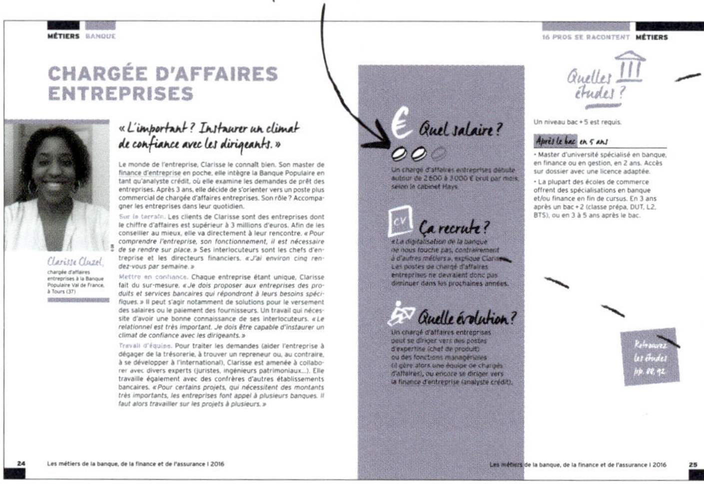

De A à Z, et par familles, tous les métiers du secteur en fiches.

Retrouvez tous les mots soulignés expliqués dans le lexique p. 140.

ÉTUDES

Filière par filière, retour sur l'essentiel à savoir.

En complément, nos réponses à vos questions les plus fréquentes et des fiches diplômes.

EMPLOI

En un clin d'œil, le panorama des entreprises et de ce qu'il faut retenir de l'emploi dans ce secteur.

GUIDE PRATIQUE

- *Le carnet d'adresses avec la liste de toutes les formations ;*
- *lexique ;*
- *index.*

À CHAQUE CLIENT SA BANQUE

Les particuliers comme les commerçants ou les entreprises ont besoin des banques pour protéger leur argent, mais aussi pour financer leurs projets. Pour répondre aux besoins spécifiques de tous ces clients, les banques ont subdivisé leur activité. Repères.

La banque de réseau

C'est la banque que nous connaissons le mieux, constituée d'agences de quartier. Elle gère les comptes courants des particuliers et leur permet de financer l'achat d'un logement, par exemple. Parmi ses clients, on compte également certains professionnels comme les commerçants, les artisans. Ses conseillers sont généralement spécialisés par type de clientèle (particuliers ou professionnels). La banque de réseau est aussi appelée banque de dépôt (ou banque de détail).

La banque privée

Autre branche des mêmes groupes bancaires, la banque privée désigne les agences spécifiques (ou quelquefois les conseillers spécifiques) chargés d'accompagner les particuliers fortunés dans la gestion de leur patrimoine. Quels placements choisir ? Dans quelle société investir ?

Les principaux groupes bancaires français :

- BNP Paribas ;
- le groupe Crédit Agricole ;
- le groupe BPCE ;
- La Société Générale ;
- le groupe Crédit Mutuel ;
- La Banque Postale ;

La banque d'affaires

Elle s'adresse aux entreprises qui ont besoin de produits bancaires particuliers (des solutions de paiement pour les salariés, les fournisseurs...), mais aussi de financements pour développer une activité, s'agrandir... Là encore, il s'agit généralement d'une autre branche des mêmes groupes bancaires.

La banque de financement et d'investissement

Elle est chargée d'investir sur les marchés l'argent collecté. De quelle manière ? En achetant et revendant des actions (parts de capital d'une société), des obligations (parts d'un emprunt), des devises (dollars, euros), mais aussi des matières premières (pétrole, blé...). C'est ce qu'on appelle la finance de marché. Une autre de ses activités consiste en l'accompagnement de sociétés souhaitant entrer en Bourse ou acquérir des parts dans une autre société.

L'ASSURANCE EN 4 ÉTAPES

Accident de voiture, incendie, récolte dévastée par une tempête... comment faire face financièrement à ces imprévus ? En souscrivant un contrat d'assurance. Deux défis pour les sociétés : convaincre les futurs clients de se protéger contre le pire et indemniser correctement les assurés tout en faisant des bénéfices.

1 *Concevoir une nouvelle offre*

Avant de lancer une nouvelle formule d'assurance, encore faut-il s'assurer qu'elle répond aux besoins des assurés. Les **chargés d'études marketing** des sociétés d'assurances (AXA, Groupama, Allianz, Generali, Macif, MAIF...) s'en chargent en menant des enquêtes auprès des clients, en scrutant la concurrence. Les **actuaires**, experts dans le maniement des chiffres, en fixent les tarifs.

2 *Vendre les contrats*

Particularité du secteur, une partie des sociétés d'assurances ne vendent pas directement les produits qu'elles conçoivent. Ce sont des professionnels indépendants, patrons de leur point de vente qui s'en chargent : les **agents généraux** ou les **courtiers**. Ces derniers, contrairement aux agents généraux, ne sont liés à aucune compagnie en particulier. Ils aident leurs clients à choisir parmi les offres de différentes enseignes le contrat d'assurance le plus adapté à leurs besoins. Pour d'autres sociétés, ce sont des conseillers salariés qui remplissent ce rôle.

3 Accepter ou non un client

Les assurés ne sont pas uniquement des particuliers. Entreprises, agriculteurs, artisans... ont aussi besoin d'assurer leur activité, parfois pour des sommes colossales. Pour ces risques complexes, il revient au **souscripteur** de mesurer les risques pour sa société d'assurances et d'accepter ou non un nouveau client ou les nouvelles conditions d'un contrat proposées par le courtier, l'agent général ou le conseiller commercial.

4 Indemniser un sinistre

Lorsqu'un sinistre survient (une fuite d'eau dans une salle de bains, un incendie dans une usine), l'assuré le déclare auprès de son assureur, généralement un **gestionnaire de contrats** ou un **chargé de clientèle** qui traite le dossier. Il peut avoir besoin de s'appuyer sur l'analyse d'un ou de plusieurs **experts en assurance** pour déterminer les responsabilités et évaluer le montant de l'indemnisation. C'est ensuite au **chargé d'indemnisation** de régler les sommes dues à l'assuré ou à la victime.

UNE JOURNÉE DANS UNE AGENCE DE LA SOCIÉTÉ GÉNÉRALE

À VOTRE SERVICE

Photos : Grégoire Maisonneuve, 2013

Avec 24 collaborateurs, l'agence de Passy est l'une des plus grosses de la Société Générale en France. Décorée de rouge et de noir – les couleurs de la banque –, elle draine la clientèle du quartier, environ 10 000 personnes, des particuliers, mais aussi des professions libérales, des médecins, des artisans, des comptables, des avocats et des patrons de PME... autant de situations différentes, souvent synonymes de gros revenus. Et c'est à chacun son banquier. Et presque à chacun son étage. Aux opérations courantes et petits montants, le rez-de-chaussée. Aux étages, les gros portefeuilles. Rencontre avec une équipe jeune et enjouée.

ENVENUE
S VOTRE AGENCE DE PARIS PASSY

ACCUEILLIR

Du tact. Malgré l'installation récente d'un sas avec des distributeurs automatiques, il y a toujours du monde dans l'agence de Passy. Les quatre chargées d'accueil ne sont pas de trop pour accueillir la file de clients. Entre les dépôts et les retraits d'espèces, les virements sur les livrets, la délivrance de cartes bleues ou de chéquiers... chacune assure un minimum de 80 à 100 opérations différentes. Au-delà du débit, il y a une pression certaine. Les « gros portefeuilles » aiment tout particulièrement être soignés. *« Nos clients veulent de la reconnaissance,* explique Nouri, *et n'apprécient pas toujours qu'on leur demande leur carte d'identité, par exemple. Il est important de ne pas s'énerver soi-même. Notre leitmotiv : être pro, faire preuve de tact, sans être familier. »*

En renfort ponctuel, Matdlline, derrière son pupitre, est aux avant-postes pour *«désengorger le guichet»*. Les jours d'affluence ? Les veilles et lendemains de week-end pour les recettes des commerçants. Elle cumule deux casquettes : chargée d'accueil et conseillère clientèle, avec 500 clients environ. Contrairement à ses trois collègues, elle ne fait pas d'opérations de caisse, mais des ouvertures de comptes ou des souscriptions de produits d'épargne. Et toujours le téléphone. *«Ne pas perdre un appel»*, une obsession pour celle qui a commencé sa carrière à la plate-forme téléphonique de relations clientèle.

CONSEILLER

Grand public. Avec un bureau juste à gauche de l'entrée, Sylvie est en première ligne. *« Quand ça râle au guichet, il faut savoir apaiser ! »* Ses fonctions ? Conseillère clientèle grand public. Autrement dit, les « moins fortunés » de l'agence. À raison de cinq rendez-vous par jour, et un objectif de 22 par semaine, Sylvie doit tisser le lien commercial. Un projet immobilier ? Un placement financier à court terme ? Un prêt étudiant ? Une assurance vie ? Une autorisation de découvert ? À la conseillère d'apporter une réponse adaptée à ce que peut supporter le revenu de sa clientèle.

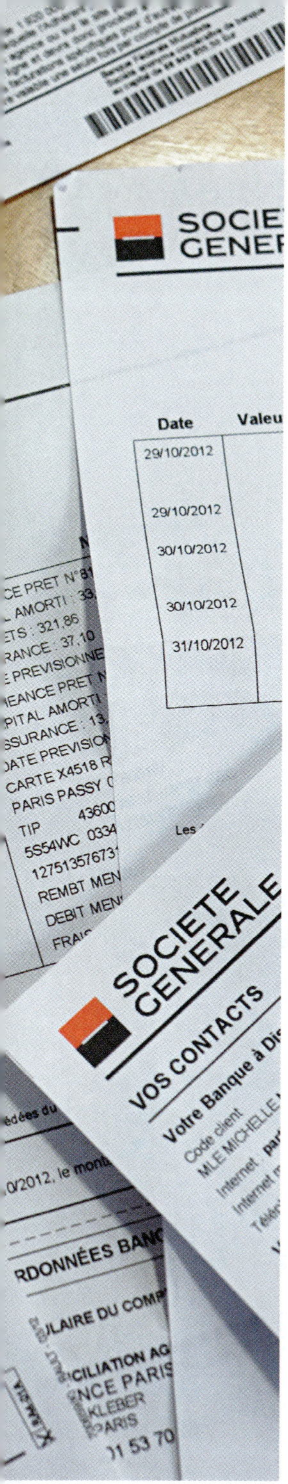

Clientèle pro. Commerçants, médecins, patrons de PME, artisans... Benjamin, ancien comptable, gère 340 clients, exerçant plus d'une centaine de métiers différents. Passage obligé: la lecture des bilans. *« C'est l'image de la santé de l'entreprise. Et le moyen de comprendre son fonctionnement. Un déficit n'est pas forcément synonyme de mauvaise santé. Quelles sont ses charges ? Sa masse salariale ? Son résultat d'exploitation ? »* Nouveaux présentoirs, véhicules professionnels, achat de locaux... *« On parle de commerçant à commerçant, on se comprend bien. »*

En gestion de patrimoine, il est question de gros sous. Le ticket d'entrée des clients d'Emmanuel ? 500 000 €. 160 clients rentrent dans ce critère. Un portefeuille allégé par rapport aux autres conseillers clientèle de l'agence. *« L'idée est d'être plus disponible et d'offrir une qualité de service différente. C'est une question de marketing,* reconnaît Emmanuel, l'un des quatre conseillers en gestion de patrimoine de l'agence. Nouvelle loi de finances, successions, placements, régime matrimonial... quel que soit le domaine (juridique, fiscal...), rassurer ces clients haut de gamme fait partie de sa mission. Avec dans le viseur le développement de leur patrimoine à moyen et long terme.

Non-résidents. Avec l'Organisation de coopération et de développement économiques (OCDE) toute proche, les non-résidents comptent pour 10 % à 20 % de la clientèle de l'agence. Leur contact ? Arnaud. Ce n'est pas un permanent. Il est là en renfort. Son agence habituelle se trouve dans les locaux mêmes de l'organisation internationale. *« Avec ces clients en mission pour 3 ans à Paris, le conseiller constitue souvent le premier point d'entrée avec l'administration française. C'est du quasi-assistanat... Savoir s'adapter à chaque client est essentiel. Et, selon le pays d'origine, la relation avec le banquier n'est pas vécue de la même manière. Pour les Anglo-Saxons, il fait partie du cercle restreint. Pas pour les clients latins. Et puis, proposer une assurance vie à un Américain est une faute pour une question de législation fiscale. »* Des ficelles apprises sur le terrain. ■

DIRIGER

PME de la finance, l'agence a à sa tête un trio de managers, avec une partition particulière pour chacun. Directrice adjointe, Sandra est la plus proche de la clientèle. À quelques mètres du guichet, elle en perçoit toute l'agitation. Elle le supervise, se charge de l'ouverture et de la fermeture. Tous les prêts immobiliers passent par elle. Ceux de ses 380 clients, mais également ceux de la clientèle de ses collaborateurs. La masse de travail ? *« Avec un métier de services, la réactivité doit primer, ce d'autant que les clients peuvent diversifier leurs avoirs dans des réseaux concurrents. »*

Dans les coulisses, au dernier étage, Olivier est *« le patron de la boutique »*. 7 h 40-22 h, une amplitude habituelle *« Parce que je le veux bien. Et que je ne peux pas arriver avant,* s'amuse-t-il. *À 19 heures, ma journée commence. »* Avant, le directeur reconnaît faire le *« pompier »*. Un prêt pas décaissé, un contact avec l'expert-comptable d'un gros client… *« Je me refuse à fermer ma porte. Je suis un facilitateur, un pédagogue. »* D'ailleurs, c'est lui qui briefe son équipe pour les nouvelles campagnes commerciales.

N + 1. La pyramide hiérarchique compte un échelon supplémentaire, avec Michelle, responsable de clientèle locale. Son périmètre dépasse la seule agence de Passy. Elle en pilote cinq autres, soit 45 collaborateurs. Disponible pour les plus gros clients, elle assure avant tout un rôle de manager ! Elle donne la cadence. Avec humour et bienveillance.

MÉTIERS

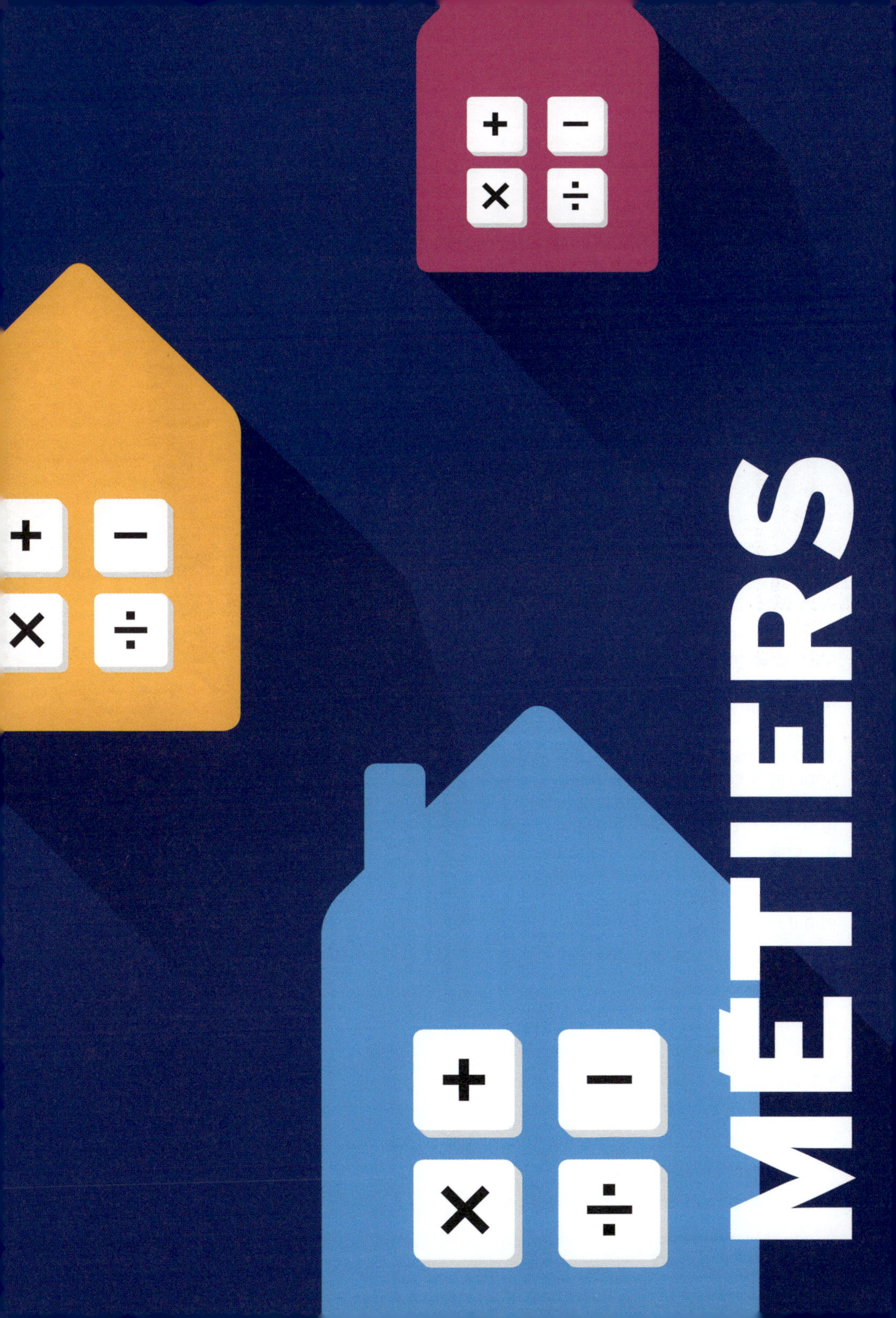

LES MÉTIERS EN 3 FAMILLES

Satisfaire les clients et dégager des profits : les professionnels du secteur sont confrontés à des injonctions difficiles à concilier. Zoom sur 27 métiers clés qui répondent à ces défis.

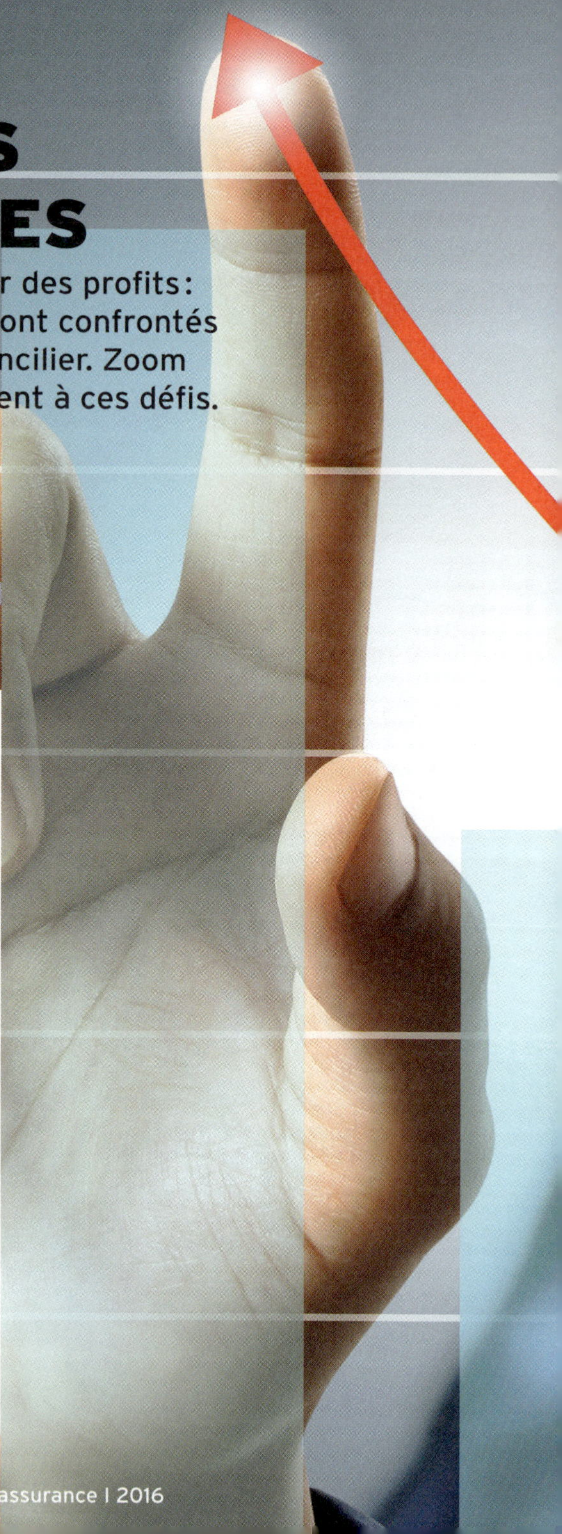

BANQUE

Au contact des clients, les commerciaux, qui représentent la moitié des effectifs du secteur, ont pour mission de vendre des produits et des services bancaires. Particuliers, professionnels,entreprises... ils sont spécialisés par type de clientèle. Impératifs communs ? Instaurer un climat de confiance et respecter le secret professionnel. Pour la bonne marche des affaires, la banque fait également appel à des spécialistes de l'analyse des données et à des directeurs d'agence.

- **Animateur/trice de point de vente**
- **Chargé/e d'accueil**
- **Chargé/e d'affaires entreprises**
- **Chargé/e de clientèle particuliers**
- **Chargé/e de clientèle professionnels**
- **Conseiller/ère en ligne**
- **Conseiller/ère en patrimoine**
- **Data scientist**
- **Directeur/trice d'agence bancaire**

Filles et garçons peuvent exercer tous ces métiers.

ASSURANCE

Le cœur de métier des professionnels de l'assurance ? Concevoir, ajuster, vendre et gérer des contrats d'assurance adaptés à la situation et aux besoins de chaque client (particuliers ou entreprises). Pour y parvenir, ils doivent s'appuyer sur une excellente connaissance des produits d'assurance, ainsi que sur un sens affiné de l'écoute et de la négociation. Avec la montée en puissance de la souscription en ligne et la complexification croissante des contrats d'assurance, les défis ne manquent pas !

- **Actuaire**
- **Agent/e général/e d'assurances**
- **Chargé/e d'études marketing**
- **Chargé/e d'indemnisation**
- **Conseiller/ère commercial/e en assurances**
- **Courtier/ère en assurances**
- **Expert/e en assurances**
- **Gestionnaire de contrats**
- **Risk manager**
- **Souscripteur/trice**

FINANCE

Mettre en relation ceux qui ont de l'argent et ceux qui en ont besoin pour un projet : c'est le but de la finance. En finance de marché, l'analyste financier conseille le gérant de portefeuille et le trader. De leur côté, les services de *back office*, de *middle office* et de conformité contrôlent leur activité. En banque d'affaires, l'analyste de crédit, l'analyste en fusions-acquisitions et le chargé d'affaires en financement de projets accompagnent de grandes entreprises pour trouver des fonds, acheter une filiale ou lancer un chantier.

- **Analyste de crédit**
- **Analyste en fusions-acquisitions**
- **Analyste financier/ère**
- **Chargé/e d'affaires en financement de projets**
- **Gérant/e de portefeuille**
- **Gestionnaire de back office et de middle office**
- **Responsable de conformité**
- **Trader**

CHARGÉE D'AFFAIRES ENTREPRISES

© DR

Clarisse Cluzel,
chargée d'affaires entreprises à la Banque Populaire Val de France, à Tours (37)

« L'important ? Instaurer un climat de confiance avec les dirigeants. »

Le monde de l'entreprise, Clarisse le connaît bien. Son master de finance d'entreprise en poche, elle intègre la Banque Populaire en tant qu'analyste crédit, où elle examine les demandes de prêt des entreprises. Après 3 ans, elle décide de s'orienter vers un poste plus commercial de chargée d'affaires entreprises. Son rôle ? Accompagner les entreprises dans leur quotidien.

Sur le terrain. Les clients de Clarisse sont des entreprises dont le chiffre d'affaires est supérieur à 3 millions d'euros. Afin de les conseiller au mieux, elle va directement à leur rencontre. *« Pour comprendre l'entreprise, son fonctionnement, il est nécessaire de se rendre sur place. »* Ses interlocuteurs sont les chefs d'entreprise et les directeurs financiers. *« J'ai environ cinq rendez-vous par semaine. »*

Mettre en confiance. Chaque entreprise étant unique, Clarisse fait du sur-mesure. *« Je dois proposer aux entreprises des produits et services bancaires qui répondront à leurs besoins spécifiques. »* Il peut s'agir notamment de solutions pour le versement des salaires ou le paiement des fournisseurs. Un travail qui nécessite d'avoir une bonne connaissance de ses interlocuteurs. *« Le relationnel est très important. Je dois être capable d'instaurer un climat de confiance avec les dirigeants. »*

Travail d'équipe. Pour traiter les demandes (aider l'entreprise à dégager de la trésorerie, à trouver un repreneur ou, au contraire, à se développer à l'international), Clarisse est amenée à collaborer avec divers experts (juristes, ingénieurs patrimoniaux...). Elle travaille également avec des confrères d'autres établissements bancaires. *« Pour certains projets, qui nécessitent des montants très importants, les entreprises font appel à plusieurs banques. Il faut alors travailler sur les projets à plusieurs. »*

Quel salaire ?

Un chargé d'affaires entreprises débute autour de 2600 à 3000 € brut par mois, selon le cabinet Hays.

Ça recrute ?

« La digitalisation de la banque ne nous touche pas, contrairement à d'autres métiers », explique Clarisse. Les postes de chargé d'affaires entreprises ne devraient donc pas diminuer dans les prochaines années.

Quelle évolution ?

Un chargé d'affaires entreprises peut se diriger vers des postes d'expertise (chef de produit) ou des fonctions managériales (il gère alors une équipe de chargés d'affaires), ou encore se diriger vers la finance d'entreprise (analyste crédit).

Quelles études ?

Un niveau bac + 5 est requis.

Après le bac en 5 ans

- Master d'université spécialisé en banque, en finance ou en gestion, en 2 ans. Accès sur dossier avec une licence compatible.
- La plupart des écoles de commerce offrent des spécialisations en banque et/ou finance en fin de cursus. En 3 ans après un bac + 2 (classe prépa, DUT, L2, BTS), ou en 3 à 5 ans après le bac.

Retrouvez les études pp. 88, 92.

CHARGÉE DE CLIENTÈLE PARTICULIERS

© DR

Laura Andrews,
chargée de clientèle particuliers à la Société Générale, à Étampes (91)

« Les clients se confient à moi. Je me dois d'être honnête et à l'écoute. »

Chargée de clientèle depuis 5 ans, Laura gère un portefeuille d'environ 600 clients. Ouverture d'un livret d'épargne, crédit à la consommation, prêt immobilier, contrat d'assurance... leurs demandes sont variées et les produits et services de sa banque n'ont aucun secret pour elle.

Gérer un portefeuille. Laura commence ses journées en répertoriant les comptes qui ont dépassé leur autorisation de découvert. Elle cherche alors à mettre en place des solutions adaptées (prêts...). Ensuite, sa journée est essentiellement consacrée à la réception des clients. *« J'ai en moyenne 20 rendez-vous par semaine avec des situations très variées. Les clients viennent me voir pour demander un financement de véhicule, souscrire un emprunt immobilier ou bien réaliser un placement. »* Lors de ces échanges, Laura doit essayer d'en apprendre plus sur ses interlocuteurs, afin de leur proposer des produits adaptés à leur situation actuelle ou à venir.

Accompagner les clients. Laura reçoit des clients de tous âges avec des profils divers (cadres, retraités, étudiants...). *« Je les accompagne dans leurs projets en étant présente à des moments clés de leur vie (naissance, mariage...). »* Une présence importante, qui nécessite d'instaurer une relation de confiance. *« Les clients me confient certains aspects de leur vie. Je me dois d'être honnête et à l'écoute. Quand on a un bon relationnel, le commercial suit. »*

S'adapter. L'arrivée des nouvelles technologies a changé le rapport avec la clientèle. *« On échange beaucoup par mails. Aujourd'hui, toutes les opérations courantes sont faisables à distance. »* Il faut donc savoir s'adapter aux nouvelles demandes. *« Maintenant, les clients viennent nous voir pour des besoins très ciblés. Ils attendent plus d'expertise. »*

Quel salaire ?

Il démarre à partir de 2 000 € brut par mois, pour atteindre environ 3 000 € en fin de carrière, selon le cabinet Hays.

Ça recrute ?

La banque recrute régulièrement des chargés de clientèle particuliers. Le métier s'exerce majoritairement dans des agences physiques, mais des postes sont également à pourvoir dans les banques en ligne, qui ne cessent de se développer.

Quelle évolution ?

« Le secteur bancaire permet d'exercer différents métiers », précise Laura. Si la jeune femme souhaite évoluer vers un poste de chargée de clientèle professionnels, le métier peut mener à celui de chargé d'affaires entreprises ou de directeur d'agence.

Quelles études ?

Un niveau bac + 2 permet d'accéder au métier. Cependant, les banques favorisent de plus en plus les niveaux bac + 3.

Après le bac en 2 ou 3 ans

- Le BTS banque, conseiller de clientèle (particuliers) est le diplôme de base du secteur. Mais les bac + 2 commerciaux sont également très appréciés : le BTS négociation et relation client (NRC) ou management des unités commerciales (MUC), le DUT techniques de commercialisation (TC) ou gestion des entreprises et des administrations (GEA).
- Ces diplômes peuvent être complétés par une licence professionnelle assurance, banque, finance : chargé de clientèle, en 1 an.

Retrouvez les études pp. 74, 80, 85.

CONSEILLÈRE EN PATRIMOINE

© DR

Julie Dubois,
conseillère en patrimoine
à la Caisse d'Épargne,
à Lyon (69)

« Ce n'est pas parce qu'on a de l'argent qu'on est expert en gestion. »

Attirée par le marketing, Julie se spécialise dans ce domaine en école de commerce. *« En regardant les offres d'emploi, je me suis aperçue qu'il y avait plus d'opportunités dans la banque. »* Elle intègre alors la Caisse d'Épargne en tant que chargée d'accueil, puis chargée de clientèle particuliers. *« Au bout de 2 ans, j'ai souhaité me spécialiser en gestion de patrimoine. »* Elle complète sa formation par un diplôme d'université (DU) en gestion de patrimoine.

Un plus. Julie s'occupe d'une clientèle fortunée. *« Il faut disposer d'au moins 150 000 € à investir. Ce n'est pas parce qu'on a de l'argent qu'on est expert en gestion. »* Julie se charge d'apporter son expertise à environ 250 clients. Dans le secteur très concurrentiel de la banque, la différence se fait aussi au niveau du relationnel. *« Il faut se mettre à la place du client et avoir de la pédagogie. »*

Étude de patrimoine. Pour pouvoir conseiller au mieux ses clients, elle effectue un inventaire de leurs biens (placements, biens immobiliers), de leurs dépenses et de leur situation familiale (enfants, contrat de mariage). Elle leur fait ensuite des propositions en tenant compte de leurs souhaits pour le futur (rentabilité, investissement). *« Je leur propose des produits d'épargne spécifiques, auxquels ils n'auraient pas pensé. »*

Travail d'équipe. Julie travaille avec plusieurs chargés de clientèle particuliers, répartis dans quatre agences. *« Mon travail consiste à venir ponctuellement en rendez-vous, en soutien de mes collègues, lorsque les clients se posent des questions de fiscalité. Je les accompagne pour des successions, par exemple. »*

Quel salaire ?

Entre 2600 et 3000 € brut par mois en début de carrière, selon le cabinet Hays.

Ça recrute ?

« Des postes sont à prendre dans la gestion de patrimoine », souligne Julie. Peu impactés par l'essor des banques en ligne, ces pros doivent cependant s'adapter aux nouvelles exigences des clients. *« L'immédiateté de la réponse prime aujourd'hui. »* Les banques demandent donc un haut niveau d'expertise, notamment sur l'évolution de la réglementation fiscale.

Quelle évolution ?

Un gestionnaire de patrimoine peut évoluer vers la gestion de fortune. Il s'adresse alors à des clients dont l'ensemble des avoirs dépasse 1 million d'euros. Il peut aussi devenir manager et gérer une équipe de gestionnaires de patrimoine, ou encore travailler dans l'ingénierie patrimoniale, au siège d'une banque en soutien aux gestionnaires de patrimoine.

Quelles études ?

Les formations permettant d'accéder au métier vont de bac + 3 à bac + 5.

À noter: la plupart des conseillers en patrimoine commencent comme chargés de clientèle particuliers.

Après le bac en 3 ans

Le BTS banque, conseiller de clientèle (particuliers), en 2 ans, complété par une licence professionnelle spécialisée en gestion de patrimoine, en 1 an.

Après le bac en 5 ans

- L'université délivre des masters spécialisés en banque, économie ou gestion, en 2 ans. Accès sur dossier avec une licence compatible.
- La plupart des écoles de commerce offrent des spécialisations en banque et/ou finance en fin de cursus. En 3 ans après un bac + 2 (classe prépa, DUT, L2, BTS), ou en 5 ans après le bac.

Retrouvez les études pp. 77, 85, 88, 92.

DATA SCIENTIST

© DR

Gautier Vivard,
data scientist chez LCL,
à Villejuif (94)

« J'applique aux données des modèles mathématiques. »

Depuis un peu plus de 1 an, Gautier est data scientist chez LCL. Diplômé d'une école d'ingénieurs, il découvre l'univers de la banque lors de son stage de fin d'études. *« Quand on aime étudier des données, c'est un secteur très intéressant. »*

Travail d'équipe. Au siège de LCL, Gautier travaille au sein de la direction du management de la donnée et de la relation client. Dans son équipe, certains s'occupent du géomarketing et cherchent à améliorer l'implantation des agences sur le territoire. D'autres se focalisent sur des données rapides à obtenir. *« Pour savoir combien d'étudiants nous ont rejoint, par exemple. »* Enfin, le groupe dont fait partie Gautier travaille sur des projets d'analyse de données s'étalant sur 2 à 3 mois. *« Nous travaillons sur des sujets différents, mais nous mettons régulièrement en commun nos résultats. »*

Analyse de données. Gautier reçoit des demandes d'analyse de la part de services marketing appartenant au réseau LCL. *« Mon objectif est de comprendre comment les clients consomment notre banque. »* Il va alors récupérer les données dont il a besoin, en travaillant avec le service informatique. *« J'essaie par exemple de repérer les changements de niveau de revenus sur les comptes des particuliers. Ensuite, il faut pouvoir dire si ce mouvement est stable ou non. Pour y parvenir, j'applique des modèles mathématiques aux données. »*

Restitution. Une fois les données clients modélisées, Gautier se charge de traduire les résultats pour leur donner un sens marketing. *« L'objectif final est de proposer des services adaptés à un client dont les revenus ont augmenté. Ou, inversement, de mettre en place des solutions s'il est en difficulté. Il faut savoir communiquer ce que l'on fait, de manière simple. »*

Quel salaire ?

Entre 2500 et 3000 € brut par mois pour un débutant, selon l'Association pour l'emploi des cadres (Apec).

Ça recrute ?

Ce métier est très recherché par les banques, selon l'Observatoire des métiers de la banque.

Quelle évolution ?

Les data scientists peuvent évoluer vers des postes de manager d'équipe ou d'expert en data (pour mettre en place de nouveaux modèles d'analyse des données).

Quelles études ?

Ce métier récent est plus accessible avec un niveau bac + 5.

Après le bac en 2 ou 3 ans

Le DUT statistique et informatique décisionnelle (STID) est le diplôme de base du domaine, en 2 ans. Il peut être complété par une licence professionnelle spécialisée en statistique ou en informatique, en 1 an.

Après le bac en 5 ans

- Master d'université spécialisé en datas, en mathématiques statistiques ou en informatique.
- Les écoles de statistique Ensae ParisTech et Ensai offrent toutes deux des spécialisations en ingénierie des données ou en *data science*. En 3 ans, accès sur concours après une classe préparatoire économique ou scientifique.
- Des spécialisations en *big data* sont également proposées dans d'autres écoles d'ingénieurs.

Retrouvez les études pp. 82, 85, 88.

DIRECTEUR D'AGENCE

© DR

Benjamin Valtille,
directeur d'agence
au Crédit Agricole
Brie Picardie,
à Savigny-le-Temple (77)

« Les résultats d'une agence dépendent beaucoup de l'attitude de son directeur. »

Depuis 2 ans, Benjamin Valtille est à la tête de deux agences. *« Je dirige une agence principale qui compte quatre collaborateurs et une autre agence de trois personnes, dont un animateur de point de vente. »* Entré au Crédit Agricole comme chargé d'accueil avec un BTS commercial, il a gravi un à un les échelons, devenant chargé de clientèle, puis animateur de point de vente, tout en préparant de nouveaux diplômes avec l'Institut technique de banque (ITB, *lire p. 95*). Il est aujourd'hui titulaire d'un bac + 4 en management.

Accompagner les collaborateurs. Au quotidien, Benjamin veille au bon fonctionnement de l'agence. Il accompagne ses conseillers dans la préparation de leurs rendez-vous, leur apporte une assistance technique sur des dossiers complexes de demande de crédit par exemple, et les aide à évoluer, en organisant des entretiens professionnels. *« Mon rôle est de faire du* coaching *et de l'accompagnement. »* Il briefe ses équipes sur les nouveaux produits (assurances, crédits...) et veille à ce que les remboursements de prêts soient respectés. Il s'occupe également directement d'un petit portefeuille de clients.

Représentant. Il est aussi responsable des résultats de son agence. *« Je dois atteindre les objectifs financiers qui m'ont été fixés. L'aspect commercial est très présent dans mon métier. »* Pour y parvenir, il représente son agence dans la vie locale, auprès des élus, des associations, des agents immobiliers et des courtiers en crédits immobiliers. *« Les résultats d'une agence dépendent beaucoup de l'attitude de son directeur. Il faut avoir une aisance relationnelle et sociale. »*

Disponible. Benjamin est très investi dans son travail. *« Je consulte mes mails en permanence. Un de mes clients risque par exemple de se retrouver sans logement s'il n'obtient pas son prêt immobilier. C'est difficile de se détacher de ce genre de situation. »* S'il trouve le rapport aux clients très enrichissant, il en va de même de sa relation avec ses collaborateurs : *« J'aime transmettre mon savoir-faire. »*

Quel salaire ?

Autour de 3 000 € brut par mois, et jusqu'à 5 000 € brut après plusieurs années d'expérience, selon le cabinet Hays. La rémunération varie en fonction de la zone géographique.

Ça recrute ?

« Ce métier est en pleine mutation en raison de la montée des banques en ligne. Mais il y aura encore des besoins dans les prochaines années », explique Benjamin.

Quelle évolution ?

Un directeur d'agence peut évoluer hiérarchiquement vers des postes de responsable de secteur ou de directeur commercial et superviser plusieurs agences ou aller vers la banque privée (qui s'adresse à une clientèle fortunée) ou la banque d'affaires (en charge des entreprises).

Quelles études ?

Un niveau bac + 5 est requis. Plusieurs années d'expérience dans la banque sont généralement nécessaires avant d'accéder au poste de directeur d'agence.

Après le bac en 5 ans

- Master d'université spécialisé en banque, en économie ou en gestion, en 2 ans. Accès sur dossier avec une licence compatible.
- La plupart des écoles de commerce offrent des spécialisations en banque et/ou finance en fin de cursus. En 3 ans après un bac + 2 (classe prépa, DUT, L2, BTS), ou en 5 ans après le bac.

Retrouvez les études pp. 88, 92.

ANALYSTE FINANCIER

© DR

Arthur Mennechet,
analyste financier chez Morningstar, agence de notation parisienne (75)

« J'évalue la qualité des fonds d'investissement. »

Intéressé par le monde de l'entreprise, Arthur se tourne après son bac ES vers une école de commerce. Il y découvre la finance, *« un excellent poste d'observation de l'économie »*, puis décroche un mastère spécialisé en analyse financière internationale.

Analyse atypique. Après plusieurs stages, il intègre à 25 ans l'agence de notation Morningstar, où il se spécialise dans une activité inhabituelle. *« La plupart des analystes financiers cherchent à établir la valeur réelle de l'action des entreprises pour la comparer à leur cotation en Bourse, afin de conseiller des gérants de portefeuille dans leurs achats et leurs ventes. Dans mon cas, mon rôle consiste à évaluer la qualité d'un fonds d'investissement et le mérite du gérant qui le dirige »*, explique Arthur.

De la méthode. En poste depuis 3 ans, il cherche à évaluer la performance des fonds qu'il surveille en les comparant à d'autres fonds similaires. Pour ce faire, il utilise les méthodes et les outils de l'analyse financière : il lit la presse spécialisée, observe les marchés et décortique les informations financières. Pour affiner ses résultats, il rencontre les gérants de ces fonds auxquels il pose certaines questions (pourquoi ont-ils investi dans le pétrole ? Quels gains espèrent-ils ?...).

Un rapport. Arthur discute ensuite avec des analystes financiers spécialistes de différents secteurs d'activité. Vient le temps de la note : sept pages qui justifient, courbes à l'appui, son avis. S'il estime que tel fonds fera une très bonne performance sur le long terme, il lui décerne la « médaille d'or » : *« On le recommande alors aux investisseurs. Dans d'autres cas, la note peut être négative »*, précise-t-il. Arthur écrit deux rapports par semaine et étudie chaque fonds au moins une fois par an. Tout en gardant l'œil sur la centaine qu'il suit au total, pour faire des analyses à chaud si l'actualité l'exige.

Quel salaire ?

« Le salaire fixe d'un débutant varie entre 3400 et 4200 € brut mensuels. S'y ajoutent des bonus qui vont de 20 % à 40 % de ce montant. » Avec 5 à 8 ans d'expérience, le salaire fixe oscille entre 4200 et 7500 € brut mensuels.

Ça recrute ?

Les recrutements sont plutôt limités en France, mais des postes existent à l'étranger. Plusieurs sociétés de gestion ont déplacé leur département de recherche financière à l'étranger, notamment à Londres.

Quelle évolution ?

Le métier ouvre beaucoup de portes. Deux pistes principales, selon Arthur : *« Après quelques années, un analyste financier peut être embauché en entreprise à un poste de directeur financier ou de responsable des relations investisseurs. D'autres choisissent d'intégrer une société de gestion pour devenir gérant de portefeuille. »*

Quelles études ?

Pour accéder au poste d'analyste financier, un bac + 5 est de rigueur, voire un bac + 6, avec un mastère spécialisé en finance.

Après le bac en 5 ans

- L'université délivre des masters en banque ou en finance, notamment en analyse ou en ingénierie financières. Accès sur dossier avec une licence compatible.
- Ces mêmes spécialisations existent en école de commerce. En 3 ans après un bac + 2 (classe prépa, DUT, L2, BTS), ou en 5 ans après le bac. Certaines de ces écoles proposent, en plus de leur diplôme valant grade de master (bac + 5), des formations de niveau bac + 6 (mastères spécialisés, MBA...) en finance.
- Quelques masters d'instituts d'études politiques (IEP) sont spécialisés en finance. Possibilité de suivre la totalité du cursus en IEP (5 ans d'études) ou de rejoindre le cycle master.
- Les diplômés d'écoles d'ingénieurs ayant ajouté une spécialisation finance à leur cursus sont plus rares mais prisés à certains postes.

À noter : outre la maîtrise parfaite de l'anglais, la certification de l'Autorité des marchés financiers (AMF) est obligatoire. *« Les recruteurs recherchent de plus en plus les titulaires du* Chartered Financial Analyst *(CFA), une certification en anglais très réputée, ou d'un diplôme d'expertise comptable »*, précise Arthur (sur les certifications, *lire pp. 93, 111*).

Retrouvez les études p. 88, 92.

ANALYSTE EN FUSIONS-ACQUISITIONS

© DR

Camille Ronsin,

Associate in corporate finance chez BNP Paribas, à Paris (75)

« J'accompagne les entreprises dans leurs choix stratégiques. »

Après un bac S et une classe prépa économique et commerciale, Camille intègre l'EM Lyon, une école de commerce généraliste. Elle y découvre la finance et choisit de se spécialiser en finance d'entreprise en dernière année. Son diplôme en poche, elle est recrutée par BNP Paribas et obtient un poste à New York, puis à Paris.

Des chiffres. À 28 ans, elle supervise deux jeunes analystes. *« Comme eux, j'ai passé des journées à manipuler des chiffres et des tableaux Excel. »* Son rôle ? Aider ses clients, de grandes entreprises, à vendre ou à acheter une filiale. Pour y parvenir, les analystes « fusaq » épluchent les informations financières afin d'en évaluer le prix. *« Je rencontre la direction financière de la filiale pour en saisir le fonctionnement. Je dois poser les bonnes questions pour obtenir les informations pertinentes. C'est très stimulant intellectuellement. »*

Des analyses. Elle accompagne aujourd'hui le leader français de l'électricité dans son projet de racheter une partie d'une multinationale du nucléaire. Avec son équipe, Camille établit des *business models* dont elle discute avec l'équipe fusions-acquisitions de l'entreprise cliente. *« En accompagnant les entreprises dans leurs choix stratégiques, je suis au cœur du métier de financier. Je réfléchis avec elles à la transaction et à son organisation. Les enjeux sont très forts. »* Avec toujours ces questions : est-ce que cette opération est bonne pour le client ? Quel en est le juste prix ?

Du relationnel. *« À tout moment, le client peut demander une information, ce qui interrompt nos analyses à long terme. Il faut comprendre vite, le rassurer. »* Et rédiger une réponse argumentée en 2 heures. Elle joue aussi le rôle d'intermédiaire entre l'entreprise qui vend et celle qui achète. La pression est forte. *« Ces projets durent de quelques mois à 1 année, sans certitude de finaliser un accord. »* Les journées sont intenses. *« Je travaille presque tous les week-ends. »* Si un accord est trouvé, Camille a accompli sa mission. Et elle s'implique jusqu'à la négociation du contrat de vente.

Quel salaire ?

« Le salaire fixe pour un débutant se situe entre 4 200 et 6 700 € net par mois. S'y ajoutent des bonus qui peuvent aller de 20 % à 60 % de ce salaire », note Camille.

Ça recrute ?

En banque d'affaires, les recrutements sont très limités. Les embauches d'analystes en fusions-acquisitions repartent légèrement à la hausse après plusieurs années difficiles. Les jeunes diplômés sont appréciés à ces postes.

Quelle évolution ?

Elle se fait d'abord au sein de l'équipe fusions-acquisitions, avec des responsabilités qui augmentent, des contacts plus fréquents avec le client jusqu'à accéder à des fonctions de management. *« Par ailleurs, c'est un métier qui apprend à travailler vite et bien, ce qui ouvre de nombreuses portes. Beaucoup de jeunes pros sont recrutés, après quelques années, dans d'autres métiers de la banque de financement et d'investissement, en fonds d'investissement ou dans les départements fusions-acquisitions des entreprises »*, précise Camille.

Quelles études ?

Pour accéder à ces postes, un bac + 5 est de rigueur. La maîtrise de l'anglais est indispensable, celle d'une seconde langue étrangère, vivement conseillée.

Après le bac en 5 ans

- Masters d'université en comptabilité, contrôle, audit (CCA), en ingénierie financière ou en finance d'entreprise. Accès sur dossier avec une licence compatibles.
- Ces mêmes spécialisations existent en écoles de commerce. En 3 ans après un bac + 2 (classe prépa, DUT, L2, BTS), ou en 5 ans après le bac. Certaines de ces écoles proposent, en plus de leur diplôme valant grade de master (bac + 5), des formations de niveau bac + 6 (mastères spécialisés, MBA...) en finance.
- Quelques masters d'instituts d'études politiques (IEP) sont spécialisés en finance. Possibilité de suivre la totalité du cursus en IEP (5 ans d'études) ou de rejoindre le cycle master.
- Quelques écoles d'ingénieurs proposent des spécialisations en finance (Polytechnique, Centrale Paris...). Elles visent la finance quantitative, reposant sur les mathématiques et l'informatique.

Retrouvez les études pp. 88, 92.

CHARGÉ D'AFFAIRES EN FINANCEMENT DE PROJETS

© DR

Guillaume Sarfati,
chargé d'affaires en financement de projets infrastructures au Crédit Agricole CIB, à Paris (75)

« J'aime l'aspect concret du métier : on voit des projets sortir de terre ! »

C'est en école de commerce que Guillaume découvre la finance, après un bac S et une prépa éco. À l'issue de ses stages en audit et en fusions-acquisitions, il se tourne vers les financements structurés.

Financer des infrastructures. Dans la banque de financement et d'investissement du groupe Crédit Agricole, l'équipe qu'il intègre joue le rôle de chef d'orchestre de montages financiers complexes. Le but de ces financements ? Bâtir des infrastructures d'envergure. L'équipe doit donc coordonner, au niveau financier, des acteurs publics, des industriels (souvent des constructeurs) et des prêteurs (banques ou investisseurs non bancaires). À 24 ans, il a déjà participé au financement de projets d'aéroports et d'autoroutes. *« Des dossiers qui s'étalent sur des mois, voire des années »*, précise-t-il.

Montage financier. Guillaume accompagne son client - souvent un industriel associé à des investisseurs - pour construire un montage financier visant à convaincre des prêteurs. Pour cela, il analyse le projet et la situation de l'entreprise qui le porte : ses atouts, ses faiblesses, ses perspectives. *« Mon rôle est de rendre le projet le plus sûr possible, en repérant les risques »*, explique-t-il. Puis il discute avec son client des différentes hypothèses de financement et ajuste le montage.

Prêt. Dans certains cas, le Crédit Agricole entre directement dans le financement, pour des sommes qui peuvent s'élever à des dizaines, voire des centaines de millions d'euros. Après l'analyse des aspects financiers, économiques, techniques et juridiques, Guillaume rédige une note pour le comité des risques qui décide si la banque entre ou non dans ce financement. Il reste à déterminer le taux du prêt, les modalités de remboursement et l'éventuelle participation d'autres banques au financement. Ce qu'il aime ? *« L'aspect concret de ce métier. Je vois des projets sortir de terre ! »*

Quel salaire ?

Entre 3750 et 4600 € brut mensuels, auxquels s'ajoute une part variable.

Ça recrute ?

Le secteur du financement de projets recrute, mais les effectifs sont limités.

Quels débuts ?

Le métier est accessible aux jeunes diplômés. Les banques privilégient toutefois ceux qui ont une première expérience dans ce domaine (stage ou volontariat international en entreprise).

Quelles études ?

Pour accéder à ces postes, un bac + 5 est de rigueur. La maîtrise de l'anglais est indispensable et celle d'une seconde langue étrangère vivement conseillée.

Après le bac en 5 ans

- Master d'université en banque, finance (notamment en finance d'entreprise) ou en droit (notamment en droit des entreprises).
- Diplôme d'école de commerce. En 3 ans après un bac + 2 (classe prépa, BTS, DUT, L2), ou en 5 ans après le bac.
- Quelques masters d'instituts d'études politiques (IEP) sont spécialisés en finance. Possibilité de suivre la totalité du cursus en IEP (5 ans d'études) ou de rejoindre le cycle master.
- Diplôme d'école d'ingénieurs.

Retrouvez les études pp. 88, 92.

GÉRANT DE PORTEFEUILLE

© DR

Gary Girault,
gérant d'actifs
pour Cardif Lux Vie
Luxembourg
(BNP Paribas Cardif)

« J'évalue en permanence la situation pour savoir s'il faut acheter ou vendre. »

Gary découvre son goût pour les marchés financiers au lycée. Titulaire d'un bac ES, il entre dans une école de commerce et suit un cursus en finance. Il débute comme gérant de portefeuille pour des particuliers, mais est rapidement tenté par la gestion d'actifs *(asset management)*, c'est-à-dire la gestion des capitaux d'une clientèle institutionnelle. Après un mastère spécialisé en ingénierie financière, il décroche un poste au Luxembourg.

Gérer à plusieurs. À 28 ans, son rôle est de choisir les placements les plus judicieux pour une compagnie d'assurance vie qui doit faire prospérer le capital de ses clients. *« En lien avec d'autres gérants, je participe à la stratégie globale de ce portefeuille. Je suis spécialisé dans un certain type d'actions et d'obligations,* précise Gary. *La gestion est plus technique et les montants plus importants que dans la gestion pour les particuliers : notre portefeuille pèse sept milliards d'euros. »*

Évaluer. Gary se livre à un travail d'analyse financière, avec un œil sur les cours, la presse spécialisée et les rapports des analystes financiers. *« J'évalue en permanence la situation pour savoir où il y a de la richesse. Dois-je acheter ou vendre ? J'agis sur les marchés, passant en moyenne un ordre par jour. Ce sont des investissements à long terme »*, explique-t-il. Son but ? Trouver l'équilibre entre rentabilité et risque pour assurer un rendement suffisant au portefeuille, tout en évitant les pertes. L'après-midi, Gary se penche sur un secteur ou une entreprise. *« J'épluche les informations financières et je rencontre des responsables, puis je fais une recommandation d'investissement »*, développe-t-il.

Surveiller. Autre impératif : rester vigilant pour agir le premier. *« S'il y a une tempête de neige en Amérique du Nord ou des tensions politiques au Moyen-Orient, je dois réagir et modifier mes placements. Être rapide tout en respectant les contraintes de gestion dans le secteur de l'assurance (règles prudentielles, conformité). C'est un métier de passionnés, avec des journées de près de 12 heures. Même en vacances, je suis les informations boursières. »*

Quel salaire ?

« Un gérant de portefeuille débutant gagne environ 3 500 € brut par mois. Des bonus plus ou moins importants s'y ajoutent. Dans l'assurance, ces primes sont plutôt stables et sont de l'ordre de 5 % à 10 % du salaire. Ailleurs, elles peuvent atteindre le double », estime Gary. Selon l'étude Robert Walters, après 5 à 8 ans d'expérience, ce salaire se situe entre 4 600 € et 7 500 € brut mensuels.

Ça recrute ?

Les recrutements sont plutôt limités. Mais, selon Gary, *« le secteur devrait retrouver son dynamisme à moyen terme »*. Beaucoup de jeunes diplômés commencent leur carrière à l'étranger.

Quels débuts ?

De nombreux gérants de portefeuille débutent comme analystes financiers. Après quelques années, leur expertise dans un domaine leur permet de passer de la recommandation à l'intervention sur les marchés.

Quelles études ?

Pour accéder à ces postes, un bac + 5 est de rigueur et l'anglais est indispensable.

Après le bac en 5 ans

- Masters d'université en finance. Accès sur dossier avec une licence compatible.
- Des spécialisations en finance existent en écoles de commerce. En 3 ans après un bac + 2 (classe prépa, DUT, L2, BTS), ou en 5 ans après le bac. Certaines de ces écoles proposent, en plus de leur diplôme valant grade de master (bac + 5), des formations de niveau bac + 6 (mastères spécialisés, MBA...) en finance.
- Quelques masters d'instituts d'études politiques (IEP) sont spécialisés en finance. Possibilité de suivre la totalité du cursus en IEP (5 ans d'études) ou de rejoindre le cycle master.

À noter : pour exercer le métier, la certification de l'Autorité des marchés financiers (AMF) est obligatoire. *« La certification* Chartered Financial Analyst *(CFA), très réputée, est plus difficile. Mais les recruteurs du monde entier la connaissent et l'apprécient. L'idéal est de la passer pendant ses études »*, explique Gary (sur les certifications, *lire pp. 93, 111*).

Retrouvez les études pp. 88, 92.

GESTIONNAIRE DE BACK OFFICE

© DR

Hülya Melek,
gestionnaire de back office au Crédit Agricole CIB, à La Défense (92)

« Ce métier me plaît parce que j'adore les chiffres ! »

Intéressée par la banque, Hülya intègre un DUT techniques de commercialisation après un bac ES. Elle poursuit son cursus avec une licence pro spécialisée en *back office* et *middle office* et un master en gestion des risques, en alternance dans une banque d'investissement. Une expérience transformée en premier poste.

Contrôler la vente ou l'achat. Quand une transaction est conclue avec un client en *front office*, les pros du *middle office* se chargent de la saisie et effectuent des vérifications, si nécessaire. Puis c'est à Hülya d'intervenir : elle reçoit sur son logiciel le « ticket » détaillant les dates, les montants, les taux... Elle réexamine la transaction et la confirme. *« Après la vente ou l'achat, je contrôle que l'on a bien reçu ou envoyé la somme. J'assure le suivi. »* Chaque jour, la jeune femme de 26 ans traite des dizaines d'opérations, pour en sécuriser les procédures.

Spécialisée. *« Je m'occupe d'un type de produits financiers appelés produits dérivés et des transactions liées au change de monnaie. Je valide des paiements ou j'enquête en cas de problème dans le règlement »*, explique Hülya. Et elle a des dizaines de collègues ! *« Il y a plusieurs* back offices *au Crédit Agricole : les équipes sont spécialisées dans certains types d'opérations. Et certains collègues se trouvent en Inde ou à Hong Kong »*, précise-t-elle.

Rigueur. *« J'interviens quand un grain de sable grippe la machine. C'est parfois difficile de repérer le dysfonctionnement : il est arrivé qu'une transaction échoue parce qu'un 5 avait été confondu avec un S dans un numéro de compte bancaire. Il faut être attentif »*, développe Hülya. Certaines opérations sont rapides, d'autres demandent plus de patience. *« Je m'occupe d'abord des transactions de plusieurs millions, voire milliards d'euros et de celles qui sont urgentes. Par exemple, les opérations sur le franc suisse doivent être faites avant 14 heures, car on ne peut plus échanger cette devise après, et cela crée des pénalités de retard »*, note-t-elle. Un métier qui l'intéresse pour une raison simple : *« J'adore les chiffres ! »* sourit-elle.

Quel salaire ?

« Un gestionnaire de back office débutant gagne entre 2500 et 3100 € brut mensuels », observe Hülya. Salaire auquel s'ajoutent des primes sur objectifs.

Ça recrute ?

Même si les banques réduisent leurs effectifs, elles recherchent des pros du *back office* pour remplacer les départs à la retraite. Ces métiers sont de plus en plus externalisés dans des entreprises dédiées, parfois à l'étranger.

Quelle évolution ?

« Les pros du back office *peuvent monter en grade dans l'équipe de* back office, *intégrer une équipe de* middle office. *Ou, plus rarement, accéder à d'autres métiers, comme ceux de la conformité »*, explique Hülya.

Quelles études ?

Avec un bac + 3, il est possible d'accéder à des postes en *back office* dans la banque de détail. En banque de financement et d'investissement, un bac + 5 est de plus en plus demandé : *« Après ma licence pro, j'aurais pu trouver un emploi. Mais j'ai poursuivi jusqu'au master pour avoir plus de responsabilités, un meilleur salaire et faciliter ma progression »*, détaille Hülya.

Après le bac en 3 ans

Un BTS comptabilité et gestion ou un DUT techniques de commercialisation, complété par une licence pro spécialisée dans le traitement des opérations bancaires.

Après le bac en 5 ans

- Master d'université ou diplôme d'école de commerce spécialisé en banque, finance ou comptabilité.

Retrouvez les études pp. 74, 80, 85, 88, 92.

ACTUAIRE

© DR

Maud Vandekerchove, chargée d'études actuarielles chez Axa France (75)

« Il faut avoir la bosse des maths ! J'aime faire parler les chiffres. »

En poste chez Axa depuis 2 ans, Maud a un rôle stratégique : définir les tarifs des contrats d'assurance. Spécialisée dans les risques automobiles, elle s'appuie sur les statistiques des années passées pour évaluer la probabilité des accidents à venir.

Chiffrer les risques. En vue de proposer un tarif de contrat d'assurance automobile pour les jeunes conducteurs, par exemple, elle étudie toutes les données sur le sujet. Quelle classe d'âge a le plus d'accidents ? Quels sont les types de véhicules les plus touchés ?... Elle procède ensuite à de savants calculs qui lui permettront de déterminer les risques éventuels pour sa compagnie. *« J'essaie de les quantifier d'après des données statistiques : tableaux, barèmes, formules... »* À l'aide de logiciels, Maud jongle toute la journée avec les probabilités. *« Il faut avoir la bosse des maths ! Mais j'aime faire parler les chiffres. »*

Ajuster les tarifs. Après avoir évalué les risques et leurs coûts probables pour Axa, elle peut définir le tarif des contrats : montant annuel des cotisations, plafond des indemnisations, valeur du malus... Selon les besoins, elle peut aussi modifier le tarif des contrats existants. *« L'essentiel est de trouver un tarif qui indemnisera correctement l'assuré tout en permettant à la compagnie d'assurances de faire des bénéfices. »* Dans un secteur très concurrentiel, l'objectif est de limiter le départ des clients pour un autre assureur et de minimiser les pertes financières.

Communication exigée ! Le relationnel est une composante importante de la fonction d'actuaire. *« On doit souvent sortir la tête de ses algorithmes pour échanger avec d'autres services, comme le service commercial qui est au contact direct des clients et qui a parfois des questions sur les contrats. Le partage d'informations est essentiel. Et il faut tous les jours se tenir informé de l'actualité de son secteur. »*

Quel salaire ?

Environ 3200 € brut par mois en début de carrière, entre 4000 et 5400 € après 3 à 6 ans d'expérience, selon la dernière étude Robert Half. Des disparités existent selon le type d'entreprises (banque, cabinet d'actuariat, mutuelle...), les lieux d'exercice (Paris, province) et le diplôme (reconnu ou non par l'Institut des actuaires).

Ça recrute ?

Trop peu nombreux, les actuaires juniors sont très recherchés par les compagnies d'assurances. Et de plus en plus par les banques, les institutions financières, les cabinets de conseil et les grandes entreprises. Partout où se posent des problèmes de prévision économique et de couverture des risques.

Quels débuts ?

Le titre d'actuaire facilite l'insertion et apporte un plus en termes d'évolution de carrière et de salaire, mais il n'est pas obligatoire pour exercer. Pour l'obtenir, il faut avoir suivi l'une des huit formations reconnues par l'Institut des actuaires.

Quelles études ?

Pas de voie unique pour devenir actuaire, mais toutes exigent un solide bagage en mathématiques, probabilités et statistiques et d'être diplômé d'un bac+5.

Après le bac en 5 ans

- Sept formations reconnues par l'Institut des actuaires *(lire p. 96)* donnent le titre d'actuaire. Elles sont délivrées par des universités, l'Essec, l'Ensae ParisTech...
- D'autres diplômes, comme les masters d'université en mathématiques, finance, probabilités ou statistiques (spécialisés en actuariat) permettent d'accéder aux fonctions de chargé d'études actuarielles.

Retrouvez les études pp. 88, 96.

AGENT GÉNÉRAL D'ASSURANCES

© DR

François Duperray,
agent général d'assurances Aviva, à Oullins (69)

« Notre plus-value ? Aider rapidement un client touché par un sinistre. »

Chef d'entreprise aux casquettes multiples, François dirige aujourd'hui cinq agences et pilote 16 salariés. Sa mission ? Commercialiser les contrats d'assurance de la compagnie Aviva, avec laquelle il a un accord d'exclusivité.

Conseil et vente sur mesure. Assurance vie, automobile, habitation… François vend tous types de contrats d'assurance aux particuliers. Il propose aussi aux entreprises d'assurer leurs locaux, leurs biens, leurs salariés… À l'arrivée d'un nouveau client, il procède à un bilan complet de sa situation, évalue les risques à couvrir et lui conseille les produits les plus adaptés. *« Sens du contact et fibre commerciale sont indispensables. »* François a une relation exclusive avec Aviva, qui lui verse une commission sur chaque contrat signé. En échange, la compagnie lui offre un soutien technique (aide d'inspecteurs-vérificateurs dans l'analyse des risques, par exemple) et financier (enveloppes spéciales dédiées aux recrutements, à l'entretien de ses locaux…).

Gestion des contrats et des sinistres. Gérer les contrats et régler les sinistres fait partie de ses tâches. En cas d'incendie ou d'inondation, il se déplace sur le terrain, instruit le dossier et assure le suivi jusqu'au versement des indemnités. Il peut faire appel à un expert pour évaluer le dommage. *« C'est notre plus-value : être présent le plus rapidement possible après un sinistre pour épauler et accompagner le client. L'objectif est de tout régler au plus vite et dans les meilleures conditions. »*

Prospecter et manager. Étoffer son portefeuille de clients est aussi essentiel à ce chef d'entreprise. *« Je briefe régulièrement mes commerciaux, qui démarchent en porte-à-porte ou prospectent par téléphone. »* Manager ses salariés, en recruter de nouveaux, mais aussi gérer la comptabilité de ses agences… Les journées de François sont bien remplies ! *« J'ai choisi ce métier pour la diversité de ses missions. »*

Quel salaire ?

Variables, les revenus sont constitués des commissions perçues sur la commercialisation et la gestion des contrats et dépendent donc du volume d'activité.

Ça recrute ?

L'agent général peut être un ancien salarié d'une société d'assurances, qui a repris une agence en rachetant sa clientèle, ou venir d'autres secteurs d'activité. Le métier recrute, mais seulement par le biais de reprises de clientèle (600 en 10 ans). Certaines compagnies proposent des aides financières pour ce rachat. Les postes sont essentiellement situés en province.

Quels débuts ?

L'agent général peut développer son agence en élargissant sa gamme de produits d'assurances. Il doit alors étoffer son équipe de collaborateurs.

Quelles études ?

« Les compagnies d'assurances privilégient les profils commerciaux », explique François, diplômé d'une école de commerce. Une expérience dans la vente ou le management compte davantage que le niveau de diplôme. Du bac+2 au bac+5, plusieurs cursus permettent d'accéder au métier.

Après le bac en 2 ou 3 ans

Le BTS assurance et le DUT carrières juridiques option assurance sont les formations de base. Mais, pour devenir agent général, les bac+2 commerciaux (BTS NRC, BTS MUC et DUT TC) sont particulièrement appréciés. Ils peuvent être complétés par une licence pro en banque ou en assurance, en 1 an.

Après le bac en 5 ans

- Diplôme d'école de commerce. En 3 ans après un bac+2 (prépa, BTS, DUT, L2), ou en 5 ans après le bac. Accès sur concours.
- Master d'université en finance, banque-finance-assurance, gestion ou management.
- Trois diplômes d'université (DU) délivrés par les instituts des assurances des universités de Lyon, d'Aix-Marseille et de Paris-Panthéon-Sorbonne sont reconnus par la profession.
- Diplôme de l'École nationale d'assurances (Enass). En 3 ans après un bac+2 *(lire p. 94)*.

À noter : avant de débuter, une formation interne de 600 heures, obligatoire, est dispensée par la compagnie d'assurances dont l'agent général sera le mandataire.

Retrouvez les études pp. 74, 80, 85, 88, 92.

CONSEILLÈRE COMMERCIALE EN ASSURANCES

© DR

Nuran Saban,

conseillère commerciale chez Generali, en Seine-Saint-Denis (93)

« L'essentiel est de nouer une relation de confiance. »

Nuran ne se sépare jamais de son portable, de ses dossiers... et de sa valise. Conseillère commerciale en assurances depuis 5 ans, elle est tous les jours sur le terrain à la rencontre des clients. Un métier qu'elle a choisi pour le contact humain.

Prospecter. Avec 800 clients, Nuran a des journées chargées ! Et ce portefeuille, elle a aussi pour mission de l'étoffer. Sur recommandation de ses clients ou de son réseau personnel, elle prend des rendez-vous et rencontre sur le terrain ces nouveaux prospects. Persévérance et dynamisme lui sont précieux. *« Savoir gérer les situations de refus est important aussi. »*

Vendre des produits adaptés. Assurance retraite, prévoyance, obsèques, assurance vie... la jeune femme s'est spécialisée dans les assurances liées à la personne. *« Souscrire une complémentaire retraite pour assurer ses vieux jours, sécuriser son salaire en cas de maladie : chaque personne a des besoins différents. Je dois être à l'écoute. »* Pour vendre le bon contrat, elle doit comprendre la situation de chaque client. *« Je prends du temps pour chaque rendez-vous, car l'essentiel est de nouer une relation de confiance. J'ai en moyenne 12 rendez-vous par semaine. »* Une excellente connaissance de ses produits et un bon relationnel lui sont indispensables.

Culture du résultat. Au début de chaque mois, elle se fixe des objectifs chiffrés, anticipant les sorties et les résiliations de contrats. *« Plus on fait signer de nouveaux contrats, plus on touche de commissions ! C'est un élément moteur. Le monde de l'assurance demande en permanence des résultats. Il faut avoir l'esprit de compétition pour y rester et progresser. »*

Quel salaire ?

Entre 1660 € et 1800 € brut par mois en début de carrière. Ce salaire est composé d'une part fixe et d'une part variable (les commissions touchées pour chaque nouveau contrat signé).

Ça recrute ?

À l'heure d'une concurrence accrue entre compagnies d'assurances, mais aussi avec les banques ou les mutuelles, les conseillers commerciaux sont très prisés des recruteurs.

Quelle évolution ?

Après plusieurs années d'expérience, un conseiller commercial en assurances peut devenir inspecteur manager. Il dirige alors une équipe de conseillers commerciaux. Autre possibilité : s'installer à son compte comme agent général ou courtier. Le conseiller commercial en assurances peut aussi évoluer dans le marketing opérationnel ou la formation, notamment des conseillers commerciaux juniors.

Quelles études ?

Les recruteurs apprécient autant les profils commerciaux que les diplômés du domaine de l'assurance. *« Et s'être formé en alternance donne de sérieux atouts pour démarrer »*, précise Nuran.

Après le bac en 2 ou 3 ans

- Le BTS assurance et le DUT carrières juridiques option assurance sont les formations de base du secteur. Mais les bac + 2 commerciaux (BTS NRC, BTS MUC ou DUT TC) sont très appréciés.
- Possibilité de poursuivre en licence pro conseiller commercial assurance, en 1 an.

À noter : avant de débuter, une formation interne aux produits d'assurance de 150 heures, obligatoire, est dispensée par les compagnies.

Retrouvez les études pp. 74, 80, 85.

COURTIÈRE EN ASSURANCES

© DR

Soulaif Id Bella,
courtière en assurances et cogérante du cabinet Wargny Assurances, à Paris (75)

« Négocier auprès des compagnies le meilleur contrat au meilleur prix. »

Plus de 1000 entreprises et 2 000 particuliers : c'est le portefeuille actuel du cabinet de courtage dont Soulaif est la cogérante. Elle dirige une équipe d'une dizaine de collaborateurs.

Au service du client, en toute indépendance. À la différence de l'agent général qui représente une compagnie d'assurances, *« le courtier est un indépendant »*, explique Soulaif. Il écoute chaque client, analyse ses besoins pour lui faire une offre personnalisée. *« Je dois d'abord évaluer la situation personnelle et professionnelle de l'assuré et établir un diagnostic de ses risques. »* Elle peut ensuite rechercher auprès des divers organismes assureurs la garantie adaptée à ses besoins. L'enjeu ? *« Négocier auprès d'eux le meilleur contrat au meilleur prix. »*

Faire jouer la concurrence. *« Aujourd'hui, avec la crise, les assurés veulent faire toujours plus d'économies sur leurs contrats. »* À Soulaif d'user de tout son art de la négociation avec les 12 compagnies d'assurances dont le cabinet est partenaire. *« Mais, si on ne trouve pas de terrain d'entente sur le tarif et les garanties, on n'hésite pas à aller voir ailleurs ! Avec toujours un impératif : l'économie pour le client ne doit pas se faire au détriment de la qualité de sa protection. »* Persévérance, sens de l'écoute et diplomatie lui sont précieux.

Un accompagnement personnalisé. Le rôle de la jeune femme ne s'arrête pas à la signature du contrat. Elle doit aussi veiller au respect de ses clauses. Et être continuellement attentive aux attentes des clients : suivre leurs besoins en fonction de l'évolution de leur situation, adapter parfois l'assurance souscrite en conséquence. *« Voire aider à sa résiliation. Et, en cas de sinistre, c'est à nous de gérer le dossier de A à Z »*, précise la jeune femme. L'accompagnement du client s'effectue donc sur le long terme. *« C'est notre valeur ajoutée ! Sans compter notre parfaite connaissance des rouages du secteur et des produits d'assurance. »*

Quel salaire ?

Entre 1800 et 2100 € bruts par mois pour débuter. Avec de l'expérience, entre 3100 et 3750 €. Un gérant de cabinet a des revenus souvent plus élevés.

Ça recrute ?

En raison de la complexification des contrats d'assurances et de la concurrence entre compagnies, mais aussi des mutuelles et des banques, l'expertise des courtiers est de plus en plus recherchée. Selon la Chambre syndicale des courtiers d'assurances (CSCA), en 2015, un tiers des cabinets envisageaient de recruter de nouveaux collaborateurs.

Quels débuts ?

Le courtier débute le plus souvent comme collaborateur salarié d'un cabinet de courtage. Il peut ensuite se spécialiser dans un secteur particulier. Avec de l'expérience, des financements et un bon réseau, il peut créer son propre cabinet ou reprendre un portefeuille. Il est recommandé d'effectuer des stages pendant ses études. *«Au-delà du diplôme, je recherche des collaborateurs motivés, ayant l'esprit d'initiative et le goût du challenge»*, explique Soulaif.

Quelles études ?

Les formations vont de bac+1 à bac+5.

Après le bac en 1 an

Plusieurs certificats de qualification professionnelle (CQP), en 1 an, sont accessibles avec un niveau bac et permettent de devenir salarié d'un cabinet de courtage: les CQP gestionnaire assurance de personnes, gestionnaire production IARD, gestionnaire sinistre IARD.

Après le bac en 3 ans

Le BTS assurance ou le DUT carrières juridiques option assurance, complété par une licence pro en assurance, banque, finance ou par le CQP chargé de clientèle.

Après le bac en 5 ans

- Les universités délivrent des masters en assurance et gestion du risque, assurance-finance... Des spécialisations en gestion ou en droit peuvent aussi convenir.
- Trois diplômes d'université (DU) délivrés par les instituts des assurances des universités de Lyon, d'Aix-Marseille et de Paris-Panthéon-Sorbonne sont reconnus par la profession.
- Diplôme de l'École nationale d'assurances (Enass). En 3 ans après un bac+2.
- Diplôme d'école de commerce. En 3 ans après un bac+2 (prépa, BTS, DUT, L2), ou en 5 ans après le bac.

Retrouvez les études pp. 74, 80, 85, 88, 92, 94.

GESTIONNAIRE DE CONTRATS

© DR

Samia Auger,
téléconseillère en assurances à la MAIF, à Paris (75)

« Le sourire doit se deviner à travers le combiné ! »

Sur la plate-forme téléphonique parisienne de la MAIF, Samia informe, conseille et accompagne les assurés dans leurs démarches. Par téléphone essentiellement, mais aussi par mail et par courrier.

Assister l'assuré en ligne. Connaître, après un dégât des eaux, la date du versement de ses indemnités, faire une déclaration de vol, poser une question sur la procédure en cours... les demandes des adhérents sont diverses. *« Il faut prendre le temps de comprendre la situation de chaque interlocuteur, être à l'écoute pour donner le conseil adéquat. Après un incendie ou un accident, certains sont inquiets et ont besoin d'être rassurés. Le sourire doit se deviner à travers le combiné ! »* Assurance habitation, auto-moto, santé... Samia doit connaître les produits et les divers contrats de son entreprise sur le bout des doigts.

Gérer les contrats. En plus de renseigner les assurés par téléphone, gérer leurs contrats et établir des devis fait aussi partie de ses missions. *« Ouverture de nouveaux dossiers, traitement des déclarations de sinistres, suivi des demandes d'indemnisation... mon travail comporte une part importante de gestion administrative. Il faut être méthodique et rigoureux. Et savoir jongler avec les différents logiciels et systèmes informatiques ! »*

Prospecter et fidéliser. Les appels des assurés permettent à la jeune femme de prospecter. *« Je peux, par exemple, proposer un nouveau produit s'il correspond à un besoin que je repère chez le client. L'essentiel est de cerner rapidement ses attentes. »* Dynamisme et réactivité lui sont indispensables pour traiter les nombreux appels qu'elle reçoit au quotidien. *« Il y a un pic d'activité en décembre, à l'approche de l'échéance des cotisations. On fonctionne alors en flux tendus. Mais c'est très stimulant ! »*

Quel salaire ?

En début de carrière, entre 1750 et 1900 € brut par mois.

Ça recrute ?

Le nombre de conseillers sur plate-formes a presque doublé en 8 ans, selon l'Observatoire de l'évolution des métiers de l'assurance (OEMA). Exerçant à la fois des fonctions commerciales et de gestion de contrats, les téléconseillers se situent au cœur des besoins en recrutement des sociétés d'assurances.

Quelle évolution ?

Après plusieurs années d'exercice, le téléconseiller peut choisir d'exercer son métier au contact direct du client, en agence. Il peut également évoluer vers d'autres fonctions, comme celle de chargé d'indeminisation.

Quelles études ?

Après le bac en 2 ou 3 ans

- Le BTS assurance et le DUT carrières juridiques option assurance sont les formations de base du secteur. Les bac + 2 commerciaux (BTS NRC, BTS MUC ou DUT TC) sont aussi appréciés des recruteurs.
- Possibilité de poursuivre en licence pro conseiller commercial assurance, en 1 an.

À noter: avant de débuter, une formation interne aux produits d'assurance de 150 heures, obligatoire, est dispensée par les compagnies et les mutuelles.

Retrouvez les études pp. 74, 80, 85.

SOUSCRIPTRICE

© DR

Hafsa Rahila Mohamed,
souscriptrice pour le groupe Generali, à Saint-Denis (93).

« On ne prend que des risques calculés. »

Évaluer les risques qu'encourt un agriculteur pour l'assurer ou non : c'est la mission d'Hafsa depuis 4 ans. Un métier qui exige sens de l'analyse et goût des chiffres.

Évaluer les risques. Un exploitant agricole veut se protéger des risques de sinistres et de catastrophes naturelles : grêle, gel, sécheresse... *« Les agents généraux ou les courtiers m'envoient les demandes de souscription de leurs clients. À moi d'évaluer le risque qu'encourt l'exploitant pour décider si je l'assure ou non. »* Pour cela, Hafsa analyse de près divers critères : la situation géographique de l'exploitation, son historique, le type de culture... *« Si, par exemple, l'exploitant a connu trois sinistres durant les 5 dernières années, je refuse son dossier, car les risques qu'un nouveau sinistre survienne sont trop élevés. »* Savoir jongler avec les chiffres lui est indispensable. De son bureau, elle s'appuie sur les informations transmises par l'expert présent sur le terrain, encore appelé inspecteur agricole.

Fixer les tarifs. Quand la souscription est possible, reste à en préciser les conditions : franchise, montant de la cotisation payée par l'assuré, plafond des garanties... *« À chaque fois, il faut trouver un juste équilibre entre le bon niveau de garantie et l'intérêt de la compagnie d'assurances. »* C'est là où la force de persuasion s'avère essentielle. *« Il faut savoir négocier avec les agents généraux et les courtiers, qui veulent souvent obtenir des réductions ! »*

Suivre et actualiser les contrats. Avec 900 entreprises agricoles, de toutes tailles et réparties sur 10 départements, Hafsa a un portefeuille conséquent ! Et ce portefeuille, il faut le gérer. *« Mon rôle est aussi de suivre l'évolution de la situation des exploitations. De contrôler, par exemple, que leur surface ou leur valeur ne change pas, auquel cas je dois modifier le contrat d'assurance. »* Elle actualise chaque année tous les contrats souscrits pour procéder, si nécessaire, à des ajustements. *« Il faut avoir le sens du détail, c'est ce que j'aime dans mon métier ! »*

Quel salaire ?

2 900 € brut par mois en début de carrière ; entre 3 300 et 4 200 € après 3 à 6 ans d'expérience (d'après l'étude des rémunérations Robert Half de 2016).

Ça recrute ?

Des recrutements sont attendus dans les prochaines années en prévision de nombreux départs à la retraite. Les postes sont souvent spécialisés dans un domaine : secteur agricole, production industrielle, risques bancaires...

Quelle évolution ?

Après plusieurs années d'expérience, un souscripteur peut accéder au statut de souscripteur-coordinateur. Il dirige et anime alors une équipe de souscripteurs. Il peut aussi devenir expert en assurances ou risk manager.

Quelles études ?

Les formations s'échelonnent de bac + 2 à bac + 5, mais il est recommandé d'aller jusqu'à bac + 5. Les candidats les plus appréciés des recruteurs sont ceux qui ont su compléter leur formation initiale par quelques années d'expérience dans un métier technique ou industriel.

Après le bac en 2 ou 3 ans

Le BTS assurance et le DUT carrières juridiques option assurance sont les formations de base. Il est conseillé de poursuivre en licence pro assurance-finance ou assurance-banque-finance (1 an).

Après le bac en 5 ans

- Masters d'université en banque-finance-assurance, droit des assurances, actuariat, statistiques...
- Trois diplômes d'université (DU) délivrés par les instituts des assurances des universités de Lyon, d'Aix-Marseille et de Paris-Panthéon-Sorbonne sont reconnus par la profession.
- Diplôme de l'École nationale d'assurances (Enass). En 3 ans après un bac + 2 *(lire p. 94)*.
- Diplôme d'école de commerce. En 3 ans après un bac + 2 (classe prépa, BTS, DUT, L2), ou en 5 ans après le bac.
- Diplôme d'école d'ingénieurs.

Retrouvez les études pp. 74, 80, 85, 88, 92, 94.

LES CONDITIONS DE TRAVAIL

Charge de travail importante, nécessité d'être diponible, contacts fréquents avec la clientèle... aperçu de ce qui fait le quotidien des professionnels de la banque, de la finance et de l'assurance.

Un rythme intense

Sans jamais décrocher

Dans de nombreux métiers, en particulier dans la finance, les journées sont denses et il n'est pas rare qu'elles durent plus de 10 heures. *« Je dîne tous les soirs au bureau, et je travaille souvent le week-end »*, confie Camille Ronsin, analyste en fusions-acquisitions chez BNP Paribas. Même rythme du côté de la gestion de portefeuille. *« En vacances, je continue de suivre les cours de Bourse, de lire mes e-mails. Mon portable professionnel reste toujours ouvert, et je suis l'actualité financière en continu : je ne décroche jamais totalement. Je dois pouvoir réagir à n'importe quelle information et modifier un investissement »*, renchérit Gary Girault, gérant de portefeuille chez Cardif. Du côté de la banque, cette même contrainte existe aux postes à fortes responsabilités. *« Je consulte mes mails en permanence. Un client peut, par exemple, risquer de se retrouver sans logement s'il n'obtient pas son prêt immobilier. C'est difficile de se détacher de ce genre de situation »*, explique Benjamin Valtille, directeur d'agence au Crédit Agricole.

Au service de la clientèle

Instaurer une relation de confiance

Dans la banque ou l'assurance, les chargés de clientèle doivent réussir à proposer des produits adaptés à chaque client. Cela nécessite de passer du temps avec chacun. *« Je dois être à l'écoute de mes clients et parvenir à nouer une relation de confiance pour trouver le contrat d'assurance qui correspondra le mieux à leur situation et à leurs besoins »*, explique Nuran Saban, conseillère commerciale en assurances. *« Il faut être capable de se mettre à la place du client et faire preuve de pédagogie, en rendant les choses accessibles »*, commente Julie Dubois, gestionnaire de patrimoine. Les conseillers sont également soumis à la confidentialité dans le respect des règles de conformité. *« Je suis tenu au secret professionnel. Les informations sur notre clientèle ne doivent pas être révélées au public »*, résume Benjamin Valtille, directeur d'agence bancaire.

© CYRIL LAURET/ONISEP

France, Paris ou international ?
Selon les secteurs

Si les postes en agences bancaires ou d'assurances sont répartis sur tout le territoire, côté finance, en revanche, ils sont principalement en région parisienne, et le plus souvent à La Défense (92) ou dans Paris. Pour certains postes, les opportunités se situent même plutôt à l'international. C'est le cas pour les gérants de portefeuille ou les analystes financiers. Selon la Société française des analystes financiers (SFAF), Paris a vu son contingent de professionnels fondre de 20 % en 15 ans, le plus souvent au profit de Londres. Autres destinations pour ces métiers : les États-Unis, la Suisse, le Luxembourg...

Évolution de carrière
La formation continue

Dans la banque comme dans l'assurance, les salariés ont de nombreuses possibilités d'évolution de carrière. Et, pour qu'ils aient toutes les compétences nécessaires, divers dispositifs de formation continue diplômante sont mis à leur disposition. D'après l'Observatoire des métiers de la banque, 82 % du personnel bancaire a déjà suivi une formation. *« Je suis entré au Crédit Agricole avec un BTS et j'ai pu devenir directeur d'agence après avoir validé un bac + 4 par l'intermédiaire de ma banque »*, explique Benjamin Valtille. *« L'intérêt du secteur bancaire est de pouvoir exercer différents métiers. Nous ne sommes pas figés dans un poste et nous avons beaucoup d'opportunités de formation »*, souligne de son côté Laura Andrews, chargée de clientèle particuliers à la Société Générale.

Travail d'équipe
Un incontournable

Gestionnaire de contrats, souscripteur, actuaire, analyste financier... ils passent la majeure partie de leur temps devant leur écran d'ordinateur ou au téléphone. Mais ces professionnels travaillent en lien constant avec leurs collègues ou avec les équipes commerciales, marketing... *« Je dois souvent sortir la tête de mes algorithmes pour échanger avec le service commercial, qui est en lien direct avec les clients »*, explique Maud Vandekerchove, chargée d'études actuarielles chez Axa France. *« Le partage d'informations est essentiel. Avec les autres chargés de clientèle de l'agence, notamment »*, poursuit Laura Andrews, chargée de clientèle particuliers à la Société Générale. *« On s'entraide par exemple sur des types de clientèle que l'on a moins l'habitude de rencontrer. »*

DICO DES MÉTIERS

BANQUE

ANIMATEUR/TRICE DE POINT DE VENTE
★★

Bras droit du directeur d'agence, il le remplace dans plusieurs de ses activités. Il supervise un petit groupe de chargés de clientèle, répartit le travail, leur apporte son aide dans les cas de demandes de crédit complexes, les forme sur les nouveaux produits financiers proposés par la banque. En parallèle, il conserve la gestion d'un portefeuille composé en général de professionnels (commerçants, artisans) à hauts revenus.

Formation

Bac + 5 spécialisé en banque, finance (master d'université ou diplôme d'école de commerce).

CHARGÉ/E D'ACCUEIL
★☆

Premier contact des clients en agence, il les renseigne ou les redirige vers des conseillers spécialisés. Il aide à remplir les formulaires. Travaillant en étroite collaboration avec l'ensemble des conseillers, il les seconde en organisant des rendez-vous. Ouverture de compte, virement ou dépôt d'argent, retrait de carte bancaire, commande de chéquier ou encore encaissement des espèces, il se charge de toutes les opérations courantes. Comme les autres conseillers d'agence, il a des objectifs commerciaux, mais sur des produits et services simples : livret, plan d'épargne logement, assurances de cartes bancaires...

Formation

BTS banque, conseiller de clientèle (particuliers) ou bac + 2 commercial (BTS management des unités commerciales, BTS négociation et relation client, DUT techniques de commercialisation).

CHARGÉ/E D'AFFAIRES ENTREPRISES

★★

Il accompagne les entreprises dans leurs besoins quotidiens, en les conseillant sur les moyens de versement des salaires ou de paiement des fournisseurs, par exemple. Il étudie également leurs demandes de financement ou de placements. Il se déplace en général et traite avec les chefs d'entreprise ou avec les directeurs financiers, quand il s'agit de grosses structures. Comme dans toute activité commerciale, il soigne ses relations avec tous les acteurs économiques de son environnement pour enrichir son portefeuille, c'est-à-dire pour trouver de nouveaux clients.

Formation

Du BTS banque, conseiller de clientèle (particuliers) au bac + 5 du domaine commercial ou spécialisé en banque (master d'université, diplôme d'école de commerce...).

CHARGÉ/E DE CLIENTÈLE PARTICULIERS

★☆

Chaque matin, il repère les comptes à découvert. En fonction de la nature du problème, il cherche une solution (souscription d'un prêt...). Le reste du temps, il reçoit ses clients pour répondre à leurs demandes (prêt immobilier, achat de voiture, réclamation) ou pour leur proposer un produit adapté à leur profil (placement, assurance vie...). Commercial, il cherche à accroître son portefeuille de clients en se faisant connaître des courtiers immobiliers, par exemple.

Formation

BTS banque, conseiller de clientèle (particuliers) ou bac + 2 commercial (BTS management des unités commerciales, BTS négociation et relation client, DUT techniques de commercialisation), éventuellement suivi d'une licence pro en banque ; diplôme d'école de commerce.

CHARGÉ/E DE CLIENTÈLE PROFESSIONNELS

★★

Il s'occupe des comptes bancaires d'une clientèle composée de commerçants, d'artisans et de professionnels exerçants en libéral (médecins, avocats...). Il les aide à développer leur activité, en les conseillant, par exemple, en matière d'investissement, et les accompagne dans la gestion de leur trésorerie. Souvent responsable d'une zone géographique, il se déplace sur le lieu de travail de ses clients.

Formation

Bac + 5 du domaine commercial ou spécialisé en banque (master d'université ou diplôme d'école de commerce).

CONSEILLER/ÈRE EN LIGNE

★☆

Il traite les demandes des clients par mail, tchat et téléphone. Besoin d'informations, consultation des comptes bancaires, transactions... les demandes sont variées et le conseiller doit pouvoir apporter des réponses personnalisées. Il se charge également d'organiser les rendez-vous entre les clients et les conseillers d'agence.

Formation

BTS banque, conseiller de clientèle (particuliers) ou bac + 2 commercial (BTS management des unités commerciales, BTS négociation et relation client, DUT techniques de commercialisation), éventuellement suivi d'une licence pro en banque ; diplôme d'école de commerce.

★☆ *Accessible directement après ses études*

★★ *Accessible avec de l'expérience*

CONSEILLER/ÈRE EN PATRIMOINE
★★

S'adressant à des clients fortunés, il informe sur les placements financiers les plus adaptés à chaque situation ou demande : financer des études, transmettre des biens... Après avoir effectué un bilan de ce que possède son client (son patrimoine), il détermine à quel niveau de risque celui-ci souhaite s'exposer. Il définit ensuite une stratégie de placement. Son défi ? Cerner la personnalité de son client, évaluer ses aspirations et ses contraintes. Ses meilleurs alliés : une solide expertise technique, mais aussi un excellent relationnel. La récompense suprême étant de se faire recommander par son client auprès d'autres personnes, puisqu'une part importante de son activité consiste en la prospection de nouveaux clients.

Formation

Bac + 5 en banque, finance (master d'université, diplôme d'école de commerce).

DATA SCIENTIST
★★

Le data scientist analyse les données bancaires des clients d'une banque. Son but ? Comprendre le comportement des clients afin de pouvoir leur proposer des services adaptés. Géolocalisation, informations sur le profil des clients, observation des mouvements sur les comptes des particuliers... ses objets d'études sont variées. Il analyse les données *via* des modélisations mathématiques, puis en tire des résultats, qui peuvent jouer un rôle clé dans les prises de décision de la banque.

Formation

Diplôme d'école d'ingénieurs, master d'université en mathématiques ou statistiques...

DIRECTEUR/TRICE D'AGENCE BANCAIRE
★★

Le directeur est responsable du fonctionnement et des résultats de son agence. Au quotidien, il élabore les plannings et répartit les tâches entre les membres de son équipe. Il instaure des conditions de travail propices à une bonne communication et à un accueil chaleureux de la clientèle. À lui de motiver ses troupes en utilisant tous les moyens à sa disposition : formations, primes, promotions... En général, il prend lui-même en charge un portefeuille de clients : commerçants, entreprises...

Formation

Bac + 5 en banque, finance (master d'université, diplôme d'école de commerce).

★☆ *Accessible directement après ses études*
★★ *Accessible avec de l'expérience*

FINANCE

© ALAIN POTIGNON / ONISEP

ANALYSTE DE CRÉDIT

★★

Prêter de l'argent aux entreprises, d'accord... mais en maîtrisant les risques ! Telle est la mission de ce pro. Spécialisé dans un secteur, il épluche les comptes de l'entreprise demandeuse pour décider si la banque pour laquelle il travaille peut accorder un crédit. Quelles sont ses forces, ses faiblesses ? Pourra-t-elle rembourser son emprunt ? Si le crédit est accordé, il définit les conditions de règlement (montant, durée) et s'assure ensuite du respect de ces engagements.

Formation

Bac + 5 spécialisé en banque ou en finance (master d'université, diplôme d'école de commerce, d'école d'ingénieurs ou d'institut d'études politiques).

ANALYSTE EN FUSIONS-ACQUISITIONS

★★

Quand une entreprise veut se diversifier ou, au contraire, se concentrer sur son cœur d'activité, elle peut acheter une filiale ou fusionner avec une autre entreprise. Ce pro la conseille en lui proposant, après analyse du marché, des « cibles » qui pourraient l'intéresser. L'enjeu est de trouver la perle rare et d'estimer sa valeur. Un processus qui peut durer des mois, voire des années. Si l'entreprise est intéressée, il faut négocier et veiller au bon déroulement du processus. Autre possibilité : l'accompagner pour vendre une de ses filiales ou pour entrer en Bourse.

Formation

Bac + 5 en banque, finance ou comptabilité à l'université (master d'université, diplôme d'école de commerce, d'école d'ingénieurs ou d'institut d'études politiques).

ANALYSTE FINANCIER/ÈRE

★★

Ce pro endosse de lourdes responsabilités : il conseille les traders et les gérants de portefeuille. Faut-il vendre ou acheter les actions ou les obligations émises par telle ou telle société ? Avant de donner son avis, il procède à une enquête approfondie : analyse des rapports annuels de l'entreprise, étude d'articles de presse... Il recoupe ces informations pour savoir si les actions sont à leur juste prix et prévoir leur évolution. Puis il rédige une note de synthèse et émet une recommandation de vente ou d'achat.

Formation

Bac + 5 spécialisé en banque ou en finance (master d'université, diplôme d'école de commerce, d'école d'ingénieurs ou d'institut d'études politiques).

CHARGÉ/E D'AFFAIRES EN FINANCEMENT DE PROJETS

★★

Construire une autoroute, une raffinerie... des projets qui nécessitent des chantiers longs et coûteux, impliquant parfois différents pays. Ce pro conçoit un montage financier sur mesure qui permet de lancer l'affaire. Son client ? Souvent une entreprise de travaux publics. Avant de faire une proposition, il analyse les spécificités juridiques, comptables et fiscales, mais aussi les contraintes techniques, environnementales et les risques du chantier. Si l'offre est acceptée par sa banque, puis par l'entreprise, il accompagne le projet.

Formation

Bac + 5 spécialisé en banque ou en finance (master d'université, diplôme d'école de commerce, d'école d'ingénieurs ou d'institut d'études politiques).

GÉRANT/E DE PORTEFEUILLE

★★

En salle de marché, le gérant de portefeuille fait fructifier les placements de ses clients. Il place des capitaux en achetant des actions, des obligations pour le compte de particuliers, d'entreprises ou d'institutions. Chaque jour, il peut revendre ou acheter de nouvelles parties de son portefeuille. Il s'appuie sur la presse et les rapports d'analystes financiers, il cherche le meilleur dosage entre risque et rentabilité, selon les conditions posées par son client. Il travaille sur un rythme plus calme que le trader, même s'il doit être réactif à l'actualité.

Formation

Bac + 5 spécialisé en banque ou en finance (master d'université, diplôme d'école de commerce, d'école d'ingénieurs ou d'institut d'études politiques).

GESTIONNAIRE DE BACK OFFICE ET DE MIDDLE OFFICE

★☆

Le gestionnaire de middle office puis celui de back office encadrent le trader. Ils valident toutes ses décisions. Leur rôle ? Vérifier les transactions, réaliser le règlement et la livraison des titres, et contrôler l'encaissement des ventes, en lien avec les services informatiques. Un retard peut être lourd de conséquences, toute erreur doit être détectée. En banque de détail aussi, le gestionnaire de back office valide les paiements et gère les distributeurs automatiques.

Formation

BTS comptabilité et gestion, complété par une licence pro en banque ou finance. De plus en plus souvent, un bac + 5 en banque, finance ou comptabilité est demandé par les recruteurs.

RESPONSABLE DE CONFORMITÉ
★★

Avec la crise financière, ce pro a gagné en importance. Il s'assure de l'application effective des lois et des réglementations par sa banque, ainsi que du respect de la déontologie. Il informe les salariés des règles et traque les risques de blanchiment de capitaux, de financement du terrorisme, de violation des embargos ou de fraude pour que son établissement ne soit pas sanctionné par une amende ou par un scandale.

Formation

Bac + 5 spécialisé en banque, finance, audit ou droit des affaires (master d'université, diplôme d'école de commerce, d'école d'ingénieurs ou d'institut d'études politiques).

TRADER
★★

L'image du *golden boy* qui fait fortune en quelques transactions a fait long feu. La crise financière a imposé une vision plus réaliste : c'est un métier à haut risque ! Selon sa spécialité, le trader vend et achète des actions ou des obligations, ou encore des devises, en suivant en permanence la fluctuation de leur cours. Il agit pour le compte d'une banque ou d'une société de Bourse et de leurs clients, engageant des sommes parfois... colossales et sur des périodes courtes. But du jeu : réaliser des profits. Son activité est encadrée par le *middle office*, le *back office* et les services de conformité.

Formation

Bac + 5 spécialisé en banque ou en finance (master d'université, diplôme d'école de commerce, d'école d'ingénieurs ou d'institut d'études politiques).

ASSURANCE

ACTUAIRE
★★

En charge d'évaluer les risques de sa compagnie d'assurances et d'établir le tarif des contrats, il a un rôle stratégique. Pour cela, il s'appuie sur toutes les données statistiques disponibles : tables de mortalité, taux d'accident par type de population... Son but ? Faire parler les chiffres ! Le calcul des probabilités et les logiciels de statistiques n'ont aucun secret pour lui.

Formation

Bac + 5 spécialisé en finance, mathématiques ou statistiques (master d'université, diplôme d'école de commerce, d'école de statistique (Ensae) ou d'école d'ingénieurs).

AGENT/E GÉNÉRAL/E D'ASSURANCES
★★

À la tête d'une ou de plusieurs agences, il vend les produits et services de la compagnie d'assurances qu'il représente. Ce professionnel est donc à la fois conseiller en assurances et chef d'entreprise. Il gère son agence de manière autonome et, si besoin, recrute et forme de nouveaux collaborateurs, mais il reçoit des aides techniques et commerciales. Compétences en management et polyvalence sont indispensables !

Formation

Du bac + 2 au bac + 5, plutôt du domaine commercial que spécialisé en assurance. Une formation interne de 600 heures est dispensée par la compagnie d'assurances avant de débuter.

★☆ *Accessible directement après ses études*
★★ *Accessible avec de l'expérience*

CHARGÉ/E D'ÉTUDES MARKETING

★☆

Il aide les compagnies d'assurances à faire évoluer leurs produits ou à en créer de nouveaux. Pour cela, il réunit des données pour évaluer la satisfaction et les besoins des clients, et il examine la concurrence. Il réalise des études afin de connaître le comportement des assurés. Il analyse ensuite les résultats et en fait la synthèse dans un rapport. La maîtrise des statistiques est une compétence essentielle.

Formation

Bac + 5 spécialisé en économie et gestion ou en marketing (master d'université, diplôme d'école de commerce, d'école de statistique...).

CHARGÉ/E D'INDEMNISATION

★☆

Il intervient à la suite d'un sinistre (accident, incendie, vol...) pour déterminer les responsabilités, évaluer le préjudice subi et régler les sommes dues à l'assuré. Ce métier exige une excellente connaissance des produits d'assurance, sur le plan technique et juridique. Diplomatie et sens de la négociation et de l'équité indispensables !

Formation

Bac + 2 au minimum (BTS assurance, DUT carrières juridiques option assurance...). Il est recommandé d'acquérir ensuite une spécialisation en droit des assurances (master d'université, par exemple).

CONSEILLER/ÈRE COMMERCIAL/E EN ASSURANCES

★☆

Sur une zone géographique donnée, il conseille et vend à ses clients (des particuliers, des artisans, des commerçants...) des produits d'assurance adaptés à leurs besoins. Pour cela, il doit être à l'écoute et se montrer convaincant dans son argumentaire de vente. Fidéliser sa clientèle et étoffer son portefeuille clients fait aussi partie de ses missions. Sens du relationnel, art de la persuasion et dynamisme sont nécessaires !

Formation

BTS assurance ou bac + 2 commercial (BTS management des unités commerciales, BTS négociation et relation client, DUT techniques de commercialisation), complété par une licence professionnelle conseiller commercial assurance. Une formation interne aux produits d'assurance (de 150 heures) est obligatoire avant de débuter.

COURTIER/ÈRE EN ASSURANCES

★☆

Pour ses clients (particuliers ou entreprises), il recherche le contrat d'assurance le plus adapté. Pour cela, il prospecte sur l'ensemble des compagnies avec lesquelles il négocie. À la tête d'un cabinet de courtage en assurances ou salarié, le courtier travaille en toute indépendance. Il a une parfaite connaissance du marché de l'assurance.

Formation

Du bac + 2 (BTS assurance, DUT carrières juridiques option assurance...) au bac + 5 en assurance (master d'université, diplôme d'institut des assurances, diplôme d'école de commerce).

★☆ *Accessible directement après ses études*
★★ *Accessible avec de l'expérience*

© ALAIN POTIGNON / ONISEP

EXPERT/E EN ASSURANCES

★★

En cas de sinistre, il se déplace sur le terrain pour identifier les causes (par exemple les raisons du départ d'un feu ou d'une fuite d'eau) et évaluer le coût du préjudice. Ses conclusions sont consignées dans un rapport d'expertise, transmis à la compagnie d'assurances. Souvent spécialisé dans un domaine (bâtiment, automobile...), il connaît parfaitement le droit des assurances et les réglementations. Sens de l'analyse, rigueur et impartialité sont essentiels.

Formation

Bac + 5 spécifique au domaine de compétence (diplôme d'architecte, d'école d'ingénieurs...), puis formation spécialisée en assurance. Une expérience professionnelle dans le secteur de l'assurance (comme souscripteur, par exemple) est recommandée.

GESTIONNAIRE DE CONTRATS

★★

Assurance auto, habitation... par téléphone ou en agence, il conseille aux clients les contrats adaptés aux risques qu'ils ont à couvrir, puis établit le contrat. En cas de sinistre (accident, dégât des eaux...), il envoie un expert pour évaluer les dommages et suit le dossier jusqu'au versement de l'indemnisation.

Formation

BTS assurance ou bac + 2 commercial.

RISK MANAGER

★★

Son rôle ? identifier et évaluer les éléments de vulnérabilité de son entreprise pour garantir la sûreté financière et juridique de celle-ci. Il négocie avec les courtiers et les agents généraux d'assurances pour obtenir des garanties spécifiques et trouver les meilleurs tarifs. Compétence technique importante pour ce métier : la modélisation des risques financiers.

Formation

Master en droit des assurances, diplôme d'école de commerce ou d'école d'ingénieurs.

SOUSCRIPTEUR/TRICE

★☆

Sa mission ? Décider si sa compagnie d'assurances peut assurer certaines personnes et certains biens. Pour cela, ce professionnel tient compte de la politique de sa compagnie et du niveau de risque attaché à la demande du client. S'il accepte de garantir un bien, il doit alors préciser les conditions, fixer le montant de la cotisation et rédiger le contrat.

Formation

Master en banque-finance-assurance, en droit des assurances, diplôme d'école de commerce ou de l'Enass (École nationale d'assurances).

APRÈS UN 1ER CYCLE À DOMINANTE MATHÉMATIQUES
J'INTÈGRE L'ÉCOLE DE RÉFÉRENCE EN ASSURANCE, FINANCE & GESTION DES RISQUES
JE M'ASSURE UNE CARRIÈRE ENRICHISSANTE !
DES MÉTIERS RECHERCHÉS
• ACTUAIRE
• RISK MANAGER
• DECISION MAKER
• BUSINESS ANALYST
UNE ÉCOLE À DIMENSION INTERNATIONALE
DES FORMATIONS
• MATHÉMATIQUES & PLURIDISCIPLINAIRES
• PLÉBISCITÉES PAR LES ENTREPRISES
MASTERS BAC+5
ISFA.fr
ALTERNANCE POSSIBLE
FILIÈRE ACTUARIAT
NEW RENTRÉE 2016
FILIÈRE ÉCONOMÉTRIE & STATISTIQUES
• Economie Quantitative pour la Décision
• Ingénierie des Risques Financiers
• Sécurité et Risque Informatique
• Décision Risk Management
• Gestion des Risques en Assurance et en Finance

ÉTUDES

QUELLES FORMATIONS POUR QUELS MÉTIERS ?

Pour accéder aux professions de la banque, de la finance ou de l'assurance, les formations ne manquent pas. Zoom sur les cursus adaptés aux différentes familles de métiers.

BANQUE

Le BTS banque, conseiller de clientèle (particuliers) est le diplôme de base du secteur, pour accéder aux fonctions de chargé d'accueil ou de chargé de clientèle particuliers. Les BTS et DUT commerciaux permettent également d'intégrer ces métiers, à condition toutefois de suivre une licence professionnelle du domaine. Pour des postes plus experts comme conseiller en patrimoine, chargé d'affaires entreprises ou directeur d'agence bancaire, les recruteurs exigent au minimum un bac+4 ou un bac+5. Plusieurs possibilités s'offrent alors aux étudiants : l'université, qui propose de nombreux masters en banque, ou les écoles de commerce, qui ont très souvent une spécialisation en banque (ou en finance) en fin de cursus.

FINANCE

Les métiers de la finance requièrent un bac+5. Seuls les métiers du *back office* et du *middle office* recrutent parfois après une licence professionnelle (bac+3). Mais les employeurs exigent de plus en plus souvent un bac+5. Un master d'université ou d'école de commerce en finance d'entreprise ou en finance de marché est le minimum pour accéder aux postes d'analyste financier, de gérant de portefeuille, d'analyste de crédit ou de trader. Pour augmenter leurs chances, beaucoup complètent ce bac+5 par un mastère spécialisé (bac+6). Par ailleurs, certains postes nécessitant des compétences poussées en finance quantitative s'adressent plutôt à des diplômés d'école d'ingénieurs ou de master en mathématiques. Enfin, des certifications complémentaires au diplôme, comme celle de l'Autorité des marchés financiers, sont obligatoires pour exercer certains métiers. De nombreuses formations permettent à leurs étudiants de les préparer en même temps que leur diplôme.

ASSURANCE

Pour ses postes de conseiller commercial ou de gestionnaire de contrats, qui représentent plus de la moitié des recrutements, le secteur de l'assurance recrute le plus souvent après un bac+2 (BTS assurance, DUT carrières juridiques option assurance, BTS management des unités commerciales, BTS négociation et relation client...) ou un bac+3 (licence professionnelle du domaine). Le métier d'agent général est également accessible avec ce niveau de diplôme, à condition de suivre une formation interne et d'avoir une expérience dans le domaine commercial. Pour travailler dans l'actuariat, en revanche, un bac+5 s'impose, comme pour les métiers de chargé d'études marketing, visant la conception de nouvelles garanties, ou de risk manager, qui détermine les garanties du contrat d'assurance que doit souscrire son entreprise.

5 QUESTIONS AVANT DE SE LANCER

Dans la banque, l'assurance et la finance, les profils recherchés sont divers. Points de repère pour affiner ses choix d'orientation et construire son parcours.

Durée des études
Quel niveau viser ?

Dans la banque comme dans l'assurance, le niveau bac + 2 ou + 3 reste la principale porte d'entrée, avec une offre de formations spécifiques très étoffée : un BTS est dédié à la banque, un autre à l'assurance, et plus d'une centaine de licences professionnelles sont spécialisées dans le domaine... Cependant, depuis plusieurs années, la tendance est à l'élévation du seuil d'entrée, surtout dans la banque. Avantage de ces secteurs : la formation en cours d'emploi visant à acquérir de nouvelles qualifications y est très développée. Une opportunité pour ceux qui, entrés avec un bac + 2, souhaitent évoluer en préparant un nouveau diplôme ou un titre professionnel. Pour travailler dans la finance, en revanche, un bac + 5 est de rigueur : cursus d'économie et gestion à l'université, diplôme d'école de commerce ou d'ingénieurs.

Profil
Des scientifiques aussi ?

Si ces secteurs accueillent prioritairement des profils commerciaux ou des diplômés d'économie et gestion *(lire pages suivantes)*, ils ont aussi besoin de mathématiciens pour imaginer de nouveaux modèles de calcul, et d'informaticiens capables de tester statistiquement ces hypothèses. Plusieurs écoles d'ingénieurs, comme l'Ensiie d'Évry ou l'Ensimag de Grenoble associent ces deux matières (mathématiques et informatique) dans une spécialisation entièrement tournée vers la finance, comprenant également des cours sur la réglementation bancaire et les produits financiers. Leurs diplômés intéressent de plus en plus les directions des risques des groupes bancaires ou des compagnies d'assurances. Autres profils recherchés : les diplômés des écoles de statistique (Ensae et Ensai). À mi-chemin entre les écoles d'ingénieurs et de commerce, elles recrutent des élèves de prépas scientifiques ou économiques, et accordent une large place à l'économie. Au menu : beaucoup de mathématiques à l'Ensae, beaucoup d'informatique à l'Ensai.

© VM / ISTOCK.COM

Apprentissage
Un choix gagnant ?

Oui, car cela permet de se former tout en travaillant chez un employeur. Le principe ? L'apprenti alterne périodes de cours et périodes en entreprise, ses frais de scolarité sont pris en charge et il perçoit une rémunération. C'est en BTS et en licence pro que l'apprentissage est le plus fréquent, mais il est aussi proposé dans certains masters d'université ou dans certains cursus d'écoles de commerce. Sous contrat de travail et intégré aux équipes, l'apprenti se voit confier des missions de plus grande envergure qu'en stage. Cette immersion dans le monde professionnel, ses méthodes de travail, ses délais et ses outils est un excellent moyen d'être en phase avec la réalité du terrain. Une expérience qui devient déterminante au moment de chercher un premier emploi... quand l'apprenti n'est pas embauché directement en CDI par l'entreprise qui l'a formé ! Il est cependant indispensable de bien mesurer l'investissement nécessaire pour mener de front préparation du diplôme et vie professionnelle.

Pour travailler dans la finance, un bac + 5 au minimum est nécessaire.

École ou université
Quelle filière choisir ?

De nombreuses filières d'études mènent à la banque, l'assurance ou la finance, autant à l'université qu'en écoles spécialisées (en écoles de commerce principalement). Une diversité qui permet à chacun de construire un parcours d'études adapté à ses moyens financiers, à son niveau académique (entrée plus ou moins sélective) et à l'avancée de son projet professionnel (formation plus ou moins spécialisée). Par ailleurs, les passerelles sont nombreuses entre ces différentes filières (*lire p. 98*, les parcours d'études). De quoi élaborer sa stratégie pas à pas.

Langues étrangères
Anglais indispensable ?

À l'heure de la mondialisation, parler au minimum l'anglais, la langue des affaires, est un passeport indispensable pour travailler dans la finance. C'est également le cas dans certains postes de la banque et de l'assurance. Au moment de choisir un cursus, la possibilité de faire des séjours d'études ou des stages à l'étranger est un critère à bien valoriser.

QUELLES FORMATIONS APRÈS QUELS BACS ?

Différents parcours d'études permettent d'exercer dans la banque, la finance ou l'assurance. Quelques exemples de cursus possibles selon son bac.

Après un bac pro

Les bacheliers pro sont chaque année plus nombreux à entrer en BTS. En 2014, ils représentaient 18 % des entrants en BTS assurance, 13 % en BTS banque, environ 30 % en BTS management des unités commerciales (MUC) ou négociation et relation client (NRC). Ces bacheliers pro étaient principalement issus des spécialités commerce, vente, comptabilité et secrétariat.

À Marseille, Niort et Strasbourg, trois lycées accueillent les meilleurs bacheliers pro en prépa économique et commerciale.

Après le bac STMG

Les bacheliers technologiques STMG se retrouvent logiquement dans plusieurs filières menant aux métiers de la banque ou de l'assurance. Ils sont par exemple majoritaires dans l'ensemble des BTS du secteur : dans les spécialités assurance, banque, conseiller de clientèle (particuliers), mais aussi dans les BTS commerciaux (MUC et NRC) qui intéressent les banques et les compagnies d'assurances. Ils sont également nombreux dans les DUT carrières juridiques (CJ), gestion administrative et commerciale des organisations (GACO) et gestion des entreprises et des administrations (GEA). Avec souvent une poursuite en licence pro. D'autres s'inscrivent à l'université, en licence de gestion ou d'administration économique et sociale (AES), qui requièrent un bon niveau général. Choix encore plus exigeant : les écoles de commerce post-bac.
Les meilleurs ont même la possibilité d'entrer en classe préparatoire économique et commerciale. L'option technologique (ECT) de cette prépa leur est destinée. Elle les prépare en 2 ans aux concours de sélection des écoles supérieures de commerce.

Après le bac ES

Comme les bacheliers STMG, les bacheliers ES ont un profil qui les prépare à intégrer la plupart des formations du domaine. Ils sont majoritaires dans les DUT carrières juridiques, GACO et GEA. À l'université, ce sont logiquement les plus nombreux à entrer en licence d'économie et gestion. Les plus investis ont la possibilité de viser la classe préparatoire économique et commerciale option économique (ECE), pour préparer pendant 2 ans les concours d'entrée des écoles supérieures de commerce. Ils peuvent aussi opter pour une école de commerce post-bac en 3 à 5 ans. Ces dernières recrutent toutes sur concours, plus ou moins sélectifs selon la renommée de l'école.

Après le bac S

Les titulaires du bac S sont également nombreux à choisir des parcours d'études menant à la banque, la finance ou l'assurance. On les retrouve en écoles de commerce, qu'elles soient post-bac ou qu'elles recrutent après une classe préparatoire. En effet, la troisième option de la classe préparatoire économique et commerciale (l'option scientifique, dite ECS), leur est destinée. Ils sont presque aussi nombreux que les bacheliers ES sur les bancs des écoles de commerce. À l'université, ils ont de sérieux atouts pour réussir en licence d'économie, où les mathématiques sont très présentes (plus qu'en licence de gestion). Sans oublier ceux qui rejoignent la finance ou l'assurance après un cursus en statistiques, mathématiques ou informatique à l'université ou en école d'ingénieurs.

Après le bac L

Les titulaires du bac L rejoignent le domaine après deux types de parcours : juridique ou commercial. Ils sont par exemple nombreux en licence de droit, où leurs capacités à s'exprimer, à disserter et à argumenter leur offrent des chances de réussite. Une dizaine de licences de droit proposent des heures de spécialisation en assurance. D'autres bacheliers L rejoignent les écoles de commerce après une classe préparatoire littéraire. Ces dernières réservent désormais chaque année un quota de places aux littéraires les mieux classés aux épreuves de la BEL (banque d'épreuves littéraires).

LES BTS *à la loupe*

Après le bac
→ En 2 ans

Deux BTS font autorité pour permettre de s'insérer: assurance ; banque, conseiller de clientèle (particuliers). Les spécialités commerciales donnent également accès à certains métiers, en agence notamment.

PLANÈTE MÉTIERS

Objectif des brevets de technicien supérieur (BTS): rendre les diplômés immédiatement opérationnels. Les enseignements pro occupent la moitié de l'emploi du temps en 1re année, les deux tiers en 2de année. S'y ajoutent jusqu'à 16 semaines de stage en entreprise. Le reste est consacré aux matières générales (français, langues...). Certains établissements proposent la formation en apprentissage.

AMBIANCE LYCÉE

En section de technicien supérieur (STS), les étudiants retrouvent un cadre familier: le lycée le plus souvent, avec des classes de 30 élèves, une trentaine d'heures de cours par semaine et une présence obligatoire. Cours, travaux dirigés (TD), travaux pratiques (TP), devoirs et projets à rendre: le rythme de travail est soutenu. Si les frais de scolarité sont gratuits dans le public, ils peuvent être élevés dans certains établissements privés.

ADMISSION SUR DOSSIER

Les candidatures se font sur le portail APB. La sélection par les établissements porte sur les bulletins de 1re et de terminale et, parfois, des tests de niveau ou un oral. Une lettre de motivation jointe au dossier scolaire est fortement appréciée, d'autant plus si le BTS est très demandé. Les titulaires d'un bac technologique ou professionnel obtenu avec une mention «bien» ou «très bien» sont admis de droit dans une spécialité cohérente avec leur bac.

EXAMEN FINAL

Pour obtenir son BTS, il faut réussir un examen national en fin de 2de année, intégrant une part de contrôle continu. Un conseil: ne pas négliger les matières générales, qui comptent parfois autant que les disciplines professionnelles. Le BTS vaut 120 crédits européens (ECTS).

INSERTION OU POURSUITE D'ÉTUDES

Dans la banque comme dans l'assurance, la tendance étant à l'élévation du niveau de diplôme, beaucoup de titulaires de BTS poursuivent leurs études, surtout en licence pro, voire en licence générale en vue d'un master, en école de commerce ou à l'université.

Repère

- Si les BTS accueillent en majorité des bacheliers technologiques, un quota de places est désormais réservé aux bacheliers professionnels.
- La durée de la formation peut être réduite pour les élèves ayant déjà entrepris des études supérieures (autre BTS, licence).

Quel BTS : spécialisé ou généraliste ?

Ouverture de comptes, droit des assurances, gestion du risque, droit appliqué aux activités bancaires, fiscalité… les deux BTS du secteur sont très spécialisés. Ils permettent d'occuper des postes de support aux commerciaux, comme gestionnaire de back office dans la banque, ou chargé d'indemnisation dans l'assurance, mais aussi des postes commerciaux, la relation client faisant partie des deux formations. De leur côté, les BTS management des unités commerciales (MUC) et négociation et relation client (NRC) apportent une formation plus généraliste, moins pointue sur les outils de gestion. Mais ils donnent accès aux métiers de la vente, très nombreux dans ces secteurs. Avantage de ces spécialités : elles sont largement proposées, et ceux qui ne sont pas sûrs de vouloir travailler dans la banque ou dans l'assurance pourront rejoindre d'autres secteurs.

Quelle sélection ?

Très demandés, le BTS banque, conseiller de clientèle (particuliers) et le BTS assurance ne sont présents que dans une centaine d'établissements (contre plus de 600 pour le BTS MUC), ils sont donc très sélectifs. Au lycée Saint-Vincent-de-Paul à Nice, seulement 15 % des candidats à l'entrée du BTS assurance en apprentissage sont retenus. Dans certains BTS banque, la sélection est encore plus forte. Elle se fait sur dossier. Les critères les plus cités ? Le type de bac, puisque des quotas de places sont réservés aux bacheliers technologiques (STMG) et aux bacheliers professionnels. Autres critères : les bulletins scolaires, la motivation.

Quelles poursuites d'études ?

Ceux qui veulent travailler après un BTS banque réussissent sans trop de difficultés à s'insérer, souvent comme chargés d'accueil. Mais la tendance est plutôt à la poursuite d'études en réponse aux attentes des recruteurs. Au lycée Louise-Michel de Grenoble, par exemple, près de 40 % des diplômés ont fait ce choix, la plupart du temps en licence pro (banque, assurance ou gestion de patrimoine). Même chose après le BTS assurance au lycée Audiberti d'Antibes, alors même que *« les débouchés sont assurés à l'issue de ce BTS, surtout dans notre région où les entreprises recherchent essentiellement des diplômés de niveau bac +2 pour des postes de conseiller commercial ou de gestionnaire de sinistres »*, explique Samy Machat, enseignant. C'est pourquoi il est très fortement conseillé de poursuivre après un BTS MUC ou un BTS NRC, plus polyvalents : *« Nos diplômés qui veulent s'orienter dans la banque doivent aujourd'hui viser au minimum un bac + 3 (licence pro ou bachelor d'école de commerce). Et c'est nouveau »*, observe Christine Bailliez, professeure en BTS MUC au lycée Paul-Duez de Cambrai.

BTS assurance

POUR QUI ?

Principalement des titulaires du bac STMG (45 %), de bacs pro (18 %) et du bac ES (17 %).

OÙ ?

Dans 81 établissements, dont 22 avec apprentissage.

AU PROGRAMME

L'essentiel des enseignements est consacré aux techniques d'assurance (gestion et souscription de contrats, règlement des sinistres et des prestations...), à l'environnement de l'assurance (économique, juridique) et à la gestion de la relation client (commercialisation de produits d'assurance, négociation...). S'y ajoutent des cours de culture générale et d'expression en français, une langue vivante (le plus souvent l'anglais), ainsi que des projets professionnels (opérations commerciales sur des marchés émergents, règlement de sinistres techniques ou d'envergure...). 12 semaines de stage en milieu professionnel obligatoires.

ET APRÈS ?

Accès à des postes de conseiller en agence, de téléconseiller, de conseiller commercial, de gestionnaire de sinistres dans une société d'assurances, une mutuelle d'assurances ou un cabinet de courtage.

Avec un bon dossier, possibilité de poursuivre en licence professionnelle en banque ou assurances ou d'intégrer l'Enass *(lire p. 94)* ou une école de commerce.

Quelle sélection ?

L'avis de Patrick Barrotta,
responsable du BTS assurance,
au lycée Saint-Vincent-de-Paul de Nice (06)

« L'an passé, nous avons reçu 80 demandes pour 12 places. Nous avons retenu quelques bacheliers ES, un peu plus de bacheliers pro et une majorité de bacheliers STMG, sans tenir compte de la spécialité suivie en terminale. Car les enseignements dispensés en BTS assurance sont nouveaux pour tous. Nous sommes plutôt attentifs au dossier de l'élève dans son ensemble : à sa rigueur, à son goût de l'effort, à son expression écrite et orale. À son savoir-être en somme, précieux dans le secteur de l'assurance comme dans celui de la banque ! Avoir eu une première expérience au contact direct de la clientèle – stages ou jobs d'été comme agent d'accueil ou vendeur, par exemple – est un plus. »*

* Les spécialités de terminale du bac STMG : gestion et finance, mercatique, ressources humaines et communication, systèmes d'information de gestion.

BTS banque, conseiller de clientèle (particuliers)

POUR QUI ?

Principalement des bacheliers STMG (36 %), ES (19 %) et des bacheliers pro (13 %).

OÙ ?

Dans 129 établissements, dont 46 avec apprentissage.

AU PROGRAMME

Les cours sont organisés autour de trois matières principales. La relation client, d'abord, c'est-à-dire l'accueil, la connaissance du client, le conseil et le suivi de la relation commerciale. L'accent est mis sur la communication orale pour permettre aux élèves de mieux appréhender les entretiens avec les clients. Ils sont mis en situation professionnelle à travers des jeux de rôle, des simulations d'appels téléphoniques. Le deuxième bloc porte sur l'étude des produits financiers (gestion des comptes, des moyens de paiement, produits d'épargne, de crédit, d'assurance…) et le calcul du risque (taux d'endettement…). Enfin, le dernier bloc vise des connaissances générales sur l'activité bancaire : histoire, organisation, réglementation… S'y ajoutent la culture générale, l'expression, une langue et 14 semaines de stage.

ET APRÈS ?

Accès à des postes de chargé d'accueil et de chargé de clientèle particuliers. Certains diplômés sont recrutés par des sociétés d'assurances, qui proposent de plus en plus de produits bancaires.

Possibilité de poursuivre en licence professionnelle en banque, assurance ou en gestion de patrimoine.

Que change la réforme du BTS ?

L'avis de Ghislaine Eymery,
enseignante en BTS banque
au lycée Louise-Michel de Grenoble (38)

« Le contenu du BTS ne collait plus à la réalité. Il n'y avait pas assez d'heures consacrées à la dimension commerciale. Le nouveau BTS propose une formation commerciale appliquée au monde de la banque. Les cours sont davantage axés sur la technicité de l'entretien-vente et de l'entretien à distance. L'accent est mis sur la communication et l'oral. Par ailleurs, il y a eu un recentrage sur l'une des options de l'ancien BTS : la clientèle des particuliers. L'option "clientèle professionnels" a été supprimée : elle ne concernait que très peu d'élèves et, pour pouvoir évoluer dans les métiers de la banque, il faut d'abord être capable de gérer un portefeuille de particuliers pendant 2 ou 3 ans. »

BTS management des unités commerciales (MUC)

POUR QUI ?

Principalement des titulaires du bac STMG (39 %), de bacs pro (29 %) ou du bac ES (10 %).

OÙ ?

Dans 626 établissements, dont 152 avec apprentissage.

AU PROGRAMME

L'objectif de ce BTS est de permettre à ses diplômés de diriger une équipe et de gérer une unité commerciale, c'est-à-dire un lieu où le client fait la démarche de venir acheter un produit ou un service (agence commerciale, magasin ou rayon d'une grande surface). En 1re année, les enseignements pro portent surtout sur les techniques de vente à travers des cours de communication et de gestion de la relation commerciale : accueil du client, gestion de l'offre et des prix, service après-vente... La 2de année met l'accent sur le management et le développement par le marketing de l'unité commerciale : organisation du travail, gestion d'un budget, étude de marché, évaluation des performances...

ET APRÈS ?

Vendeur, chef de rayon, responsable de magasin, chargé de clientèle en banque ou gestionnaire de contrats d'assurance.

Poursuite d'études possibles en licence pro en banque et/ou assurance, en licence d'économie et gestion, en école de commerce.

Bacs pro bienvenus

L'avis de Franck Recourse,
responsable du BTS MUC
au lycée Dessaignes de Blois (41)

« Nous avions 39 % de bacheliers pro cette année dans notre BTS. Depuis plusieurs années, nous augmentons leur part dans nos effectifs et nous avons constaté que notre taux de réussite à l'examen restait constant. Certes, les 6 premiers mois peuvent être un peu difficiles. Les bacheliers pro doivent fournir un effort, notamment dans les matières générales, car ils se retrouvent face à un niveau d'exigence auquel ils ne sont pas habitués. Mais ils s'accrochent davantage que les autres étudiants : ils sont très motivés et plus efficaces sur le terrain professionnel. À la fin de la première année, ils ont rattrapé le niveau des bacheliers technologiques ou généraux. Et, parmi eux, quelques-uns rejoignent la banque : notre BTS est un vivier de diplômés expérimentés où viennent puiser les agences de notre secteur géographique, où ne se trouve aucun BTS banque. »

BTS négociation et relation client (NRC)

POUR QUI ?

Principalement des titulaires du bac STMG (38 %), de bacs pro (32 %) ou du bac ES (8,5 %). Quelques bacheliers S et L.

OÙ ?

Dans 459 établissements, dont 133 avec apprentissage.

AU PROGRAMME

Ce BTS forme à la vente sur le terrain et à la prospection commerciale pour tous types de produits, de services ou d'entreprises (industries, loisirs, banques...). L'élève découvre comment cibler et conquérir de nouveaux clients, qu'il s'agisse de professionnels (d'autres entreprises) ou de particuliers. Point commun : l'obligation de démarcher sur le terrain. Il faut donc préparer son argumentaire commercial en partant des besoins détectés chez le client, savoir présenter son produit et son entreprise. Les bases de la relation client sont abordées en 1re année : communication, négociation, obtention de nouveaux contrats, fidélisation. La 2de année porte davantage sur la gestion de projet et le management des équipes : évaluation de l'efficacité de l'action commerciale, planification et suivi de l'action.

ET APRÈS ?

Accès à des postes de commercial, de chargé de clientèle en banque, de gestionnaire de contrats d'assurance, de vendeur.

Poursuite d'études possible en licence professionnelle en banque et/ou assurance, en commerce et distribution, vente, en licence d'économie et gestion, en école de commerce.

Et l'alternance ?

L'avis de Sandrine Lasnier,
coordinatrice du BTS NRC,
au lycée Paul-Éluard de Saint Denis (93)

« Nos 15 élèves sont en apprentissage. Cela influence la sélection : la moitié vient de bacs pro commerce ou vente, les autres de bacs technologiques ou généraux. Nous regardons évidemment le dossier et l'avis du chef d'établissement. Mais surtout la motivation. On se souvient, par exemple, de ceux qui nous ont contactés pour se renseigner. Nous sommes également très attentifs à la lettre de motivation et à l'expérience professionnelle décrite sur le CV. Autres points essentiels : la présentation, le savoir-être et l'expression orale et écrite, car les employeurs y sont attentifs. Quand tout se passe bien, un étudiant en alternance mûrit plus vite qu'un autre. En passant 1 semaine sur 2 en entreprise, il se familiarise avec les rouages du monde professionnel, devient ponctuel, poli et... productif. Un moyen pour nos NRC employés en agences bancaires de décrocher un CDI en tant que conseiller clientèle particuliers ! »

LES DUT *à la loupe*

Après le bac

→ En 2 ans

Il n'existe pas de DUT spécifique à la banque et à l'assurance, mais plusieurs DUT orientés vente ou gestion ouvrent sur le secteur et servent souvent de tremplin vers des études longues.

THÉORIE ET PRATIQUE

Plus polyvalent que le BTS, le diplôme universitaire de technologie (DUT) accorde autant de place à la théorie qu'à l'enseignement professionnel. La réalisation de projets et au moins 10 semaines de stage initient les étudiants au monde de l'entreprise. En 2de année, des enseignements préparent à la poursuite d'études ou à l'insertion professionnelle. Certains instituts universitaires de technologie (IUT) proposent la formation en apprentissage.

TRAVAIL ENCADRÉ

L'IUT offre les avantages de l'université (proximité avec la recherche, frais d'inscription de moins de 200 €...), tout en assurant un suivi pédagogique plus étroit. Les cours magistraux (CM) en amphi représentent moins du quart des quelque 30 heures de cours hebdomadaires. Le reste du temps est consacré à des travaux réalisés en petits groupes (travaux dirigés et pratiques, projets encadrés). Prévoir aussi beaucoup de travail personnel.

ACCÈS SÉLECTIF

Les candidatures se font sur le portail APB. Sont examinés le profil du bac, les résultats obtenus depuis la classe de 1re, les appréciations des enseignants et la lettre de motivation. Certains IUT organisent des entretiens ou des tests. Les titulaires d'un bac technologique obtenu avec une mention « bien » ou « très bien » sont admis de droit dans un DUT en cohérence avec leur série de bac.

CONTRÔLE CONTINU

Les connaissances sont évaluées grâce aux interrogations, aux exposés, aux projets et au mémoire professionnel qui jalonnent la formation. Pour obtenir le DUT, il faut valider 4 semestres, valant chacun 30 crédits européens (ECTS).

NOMBREUSES POURSUITES D'ÉTUDES

Malgré des débouchés souvent assurés, quatre diplômés sur cinq choisissent de continuer leurs études après le DUT. La plupart poursuivent à l'université, en licence pro ou en licence. D'autres rejoignent un IAE ou une école de commerce.

Repère

Quelques IUT proposent une formation en 1 an, dite « année spéciale », pour les étudiants ayant déjà suivi 2 années d'enseignement supérieur.

À savoir

Des classes prépa adaptation technicien supérieur (ATS), en 1 an après un BTS ou un DUT, préparent les élèves très motivés à l'admission dans certaines écoles de commerce.

Quel DUT choisir ?

Différents DUT permettent de travailler à terme dans les métiers de la banque et de l'assurance, même s'il n'existe pas de DUT spécifique. Seul le DUT carrières juridiques comprend, dans certains IUT, un module banque-assurance en 2de année, souvent sous forme de travaux dirigés (TD). Les diplômés du DUT statistique et informatique décisionnelle (STID), capables de réaliser des études statistiques, s'insèrent facilement eux aussi. Enfin, les DUT orientés vente, gestion ou comptabilité répondent aussi aux besoins : c'est le cas des DUT gestion des entreprises et des administrations (GEA), gestion administrative et commerciale (GACO) ou encore techniques de commercialisation (TC).

Quelle sélection ?

Pour tous les DUT, l'entrée est sélective. Les établissements examinent les dossiers constitués au minimum des bulletins de notes de 1re et de terminale et d'une lettre de motivation. Selon la spécialité, le jury porte une attention particulière à certaines matières : les mathématiques pour le DUT STID, par exemple. À l'IUT de Quimper, qui reçoit 1400 candidatures pour 170 places en DUT TC, il est bien vu de participer aux journées portes ouvertes. Mais, de manière plus classique, il faut avoir un profil équilibré, des résultats corrects dans toutes les matières et de bons commentaires des professeurs. Afin de départager les candidats, des tests et/ou entretiens sont parfois organisés. *À noter :* un dossier pouvant être retenu dans un IUT mais pas dans un autre, il est recommandé de multiplier les candidatures sur le portail APB *(lire p. 118)*.

Poursuite d'études ?

L'intérêt du DUT : tout reste possible après. Sa dimension professionnelle rend les jeunes diplômés directement opérationnels. Les titulaires du DUT STID s'insèrent sans difficulté en contrôle de gestion ou en gestion de données. Les débouchés sont aussi assurés dans la banque et l'assurance pour les diplômés du DUT carrières juridiques. Mais ils sont très nombreux à préférer poursuivre leurs études : en licence pro, en licence générale (L3) ou en école de commerce. Quant aux profils commerciaux, les titulaires du DUT TC intéressent plus que jamais les banquiers et les assureurs, à condition toutefois de s'être spécialisé dans le secteur avec une licence pro au minimum. Même chose pour les gestionnaires, titulaires d'un DUT GACO ou GEA.

DUT GACO et GEA, quelles différences ?

En 1re année de GEA, mathématiques et comptabilité sont très présentes, moins en GACO. Le DUT GEA cultive la polyvalence, avec un tronc commun de 1 année mêlant gestion, compta, marketing ou droit, pour ensuite offrir une spécialisation, là encore assez « matheuse » en finance-comptabilité. En DUT GACO, les étudiants abordent les différentes matières de gestion sur 2 ans sans choisir de spécialisation en 2de année, une polyvalence appréciée des étudiants qui n'ont jamais étudié la gestion avant.
Un autre point de distinction ? Le DUT GEA permet de valider certaines unités d'enseignement du diplôme de comptabilité et de gestion (DCG). Pas le DUT GACO.

DUT carrières juridiques (CJ)

POUR QUI ?

Principalement des titulaires du bac ES (44 %), du bac STMG (30 %), du bac L (12 %) et du bac S (9 %). Quelques bacheliers pro (3 %).

OÙ ?

Dans 12 établissements, dont 3 avec apprentissage.

AU PROGRAMME

Cette formation pluridisciplinaire permet de découvrir le droit en gardant une ouverture sur la banque, l'assurance, les ressources humaines et l'immobilier. En 1re année, les cours portent sur les bases juridiques (droit civil, droit constitutionnel, droit du travail, droit des contrats, droit commercial), la comptabilité et la finance d'entreprise, les langues, l'expression et la communication. En 2de année, le droit reste central, et s'y ajoutent de l'analyse financière, de la comptabilité de gestion, de la fiscalité d'entreprise. Un quart des cours est consacré à l'un des trois modules : administration publique, banque-assurance ou juriste d'entreprise.

ET APRÈS ?

Accès au poste d'agent général d'assurances, de gestionnaire de contrats, ou encore de secrétaire juridique ou de courtier.

95 % des diplômés poursuivent leurs études en licence de droit, d'économie et gestion ou d'administration économique et sociale (AES), en licence pro banque, assurance.

DUT statistique et informatique décisionnelle (STID)

POUR QUI ?

Principalement des titulaires du bac S (43 %), du bac ES (41 %). Quelques bacheliers STMG (4 %) et STI2D (4 %).

OÙ ?

Dans 12 établissements, dont 3 avec apprentissage.

AU PROGRAMME

Objectif ? Traiter des données chiffrées (économiques ou scientifiques) et en extraire des synthèses (graphiques, tableaux). Les étudiants acquièrent la maîtrise de logiciels spécifiques. En 1re année sont abordés la statistique et les outils mathématiques, l'informatique (bases de la programmation, exploitation de données). En 2de année, la statistique reste au centre : analyse de données, statistique pour l'informatique décisionnelle (*data mining*, sondage). Autre volet : étude de l'environnement économique (économie, gestion, droit, anglais et communication).

ET APRÈS ?

Accès à des postes de statisticien, data scientist, chargé d'études actuarielles ou à des postes supports dans la banque et l'assurance (marketing, contrôle de gestion...).

97 % des diplômés poursuivent leurs études en licence de statistiques, de mathématiques, d'informatique, mathématiques et informatique appliquées aux sciences humaines et sociales (MIASHS) ou d'économie et gestion. Ou vers une licence pro en statistique, informatique, marketing ou commercial. D'autres intègrent une école d'ingénieurs.

DUT gestion administrative et commerciale des organisations (GACO)

POUR QUI?

Principalement des titulaires du bac ES (46 %), du bac STMG (33 %) et du bac S (10 %). Quelques bacheliers pro (4 %) et L (3 %).

OÙ?

Dans 13 établissements, dont 4 avec apprentissage.

AU PROGRAMME

Cette formation polyvalente aborde l'organisation de l'entreprise (fonction et cadre juridique, distribution...), l'approche des PME et les techniques de gestion et du commerce international. En 1re année : langues, marketing, comptabilité, économie, droit, mais aussi management de projet, management des organisations, outils statistiques appliqués à la gestion. En 2de année, les étudiants se penchent également sur la gestion (commerciale, financière, fiscale, ressources humaines), le contrôle de gestion, la stratégie des organisations, l'e-commerce, l'e-marketing, les techniques de commerce international et le droit des affaires.

ET APRÈS?

Accès à des postes de chargé de clientèle dans la banque, de gestionnaire de contrat d'assurance, mais aussi d'assistant de gestion ou d'assistant commercial.

85 % des diplômés poursuivent leurs études en licence d'économie et gestion, d'administration économique et sociale (AES), ou en licence pro en banque, assurance, gestion, comptabilité... D'autres intègrent une école de commerce.

DUT gestion des entreprises et des administrations (GEA) option gestion comptable et financière

POUR QUI?

Principalement des titulaires du bac ES (54 %), du bac STMG (24 %), du bac S (17 %). Quelques bacheliers pro (2 %).

OÙ?

Dans 75 établissements, dont 20 avec apprentissage.

AU PROGRAMME

Ouvert à l'international, ce DUT fait découvrir le fonctionnement des organisations. Plusieurs cours sont communs aux deux autres options (ressources humaines et petites et moyennes organisations) : langues, droit, économie, mathématiques financières, statistiques, comptabilité financière, fiscalité, probabilités, calcul et analyse des coûts, marketing, management, stratégie d'entreprise et analyses statistiques pour la gestion. En 2de année, les cours de l'option gestion comptable et financière (GCF) abordent la gestion financière, le système de gestion de bases de données, le calcul et l'analyse des coûts et les spécificités fiscales et comptables des sociétés.

ET APRÈS?

Accès à des postes de chargé de clientèle ou de gestionnaire de back office dans la banque, de comptable...

91 % des diplômés (toutes options confondues) poursuivent leurs études en licence d'économie et gestion, d'administration économique et sociale (AES), ou en licence professionnelle en banque, assurance, gestion, comptabilité. Certains intègrent une école de commerce.

DUT techniques de commercialisation (TC)

POUR QUI ?

Principalement des titulaires du bac ES (46 %), du bac STMG (33 %) ou du bac S (12 %). Quelques bacheliers pro (4 %) et L (2 %).

OÙ ?

Dans 82 établissements, dont 42 avec apprentissage.

AU PROGRAMME

Ce DUT est généraliste. La 1re année se concentre sur les langues, le marketing, l'économie, le droit, les mathématiques (statistiques, probabilités), mais aussi sur la négociation, l'organisation des entreprises ou la communication commerciale. La 2de année approfondit ce programme et ouvre sur le commerce international, la gestion, la logistique, le management et l'entrepreneuriat… Les étudiants apprennent à faire des études de marché, des études marketing, et à mettre en œuvre des stratégies marketing ou de communication, ainsi qu'à maîtriser la relation client, l'animation d'un espace de vente ou les enjeux du e-commerce. Dans certains IUT, possibilité de passer 1 semestre à l'étranger.

ET APRÈS ?

Accès à des postes commerciaux de la banque et de l'assurance (chargé d'accueil, chargé de clientèle particuliers, conseiller commercial) ou à des postes dans la distribution (assistant chef de rayon, assistant marketing, commercial export)…

87 % des diplômés poursuivent leurs études en licence d'économie et gestion, ou en licence pro en banque, assurance, commerce, marketing… D'autres intègrent une école de commerce.

Des commerciaux au guichet ?

L'avis de Frédéric Le Duigou, enseignant en DUT TC à l'IUT de Quimper (29)

« Aujourd'hui, pour des postes opérationnels en contact avec le client, tels que chargé d'accueil ou chargé de clientèle, les banques et les assurances cherchent d'abord des commerciaux. Alors qu'il y a une dizaine d'années, ils recrutaient davantage des profils gestionnaires. Entre 15 % et 25 % de nos étudiants font carrière dans ces secteurs, souvent à condition d'avoir au moins continué en licence pro banque. Leurs atouts ? Loin d'être de simples vendeurs, ils possèdent d'autres compétences : ils sont formés au commerce, à la négociation, ouverts à l'économie, à la culture et ont un bon niveau d'expression. Compétence que l'on consolide à l'IUT avec la mise en place d'un barème en orthographe. »

LES LICENCES PRO *à la loupe*

Une centaine de licences professionnelles sont proposées dans la banque et l'assurance. Elles permettent aux titulaires d'un bac + 2 (BTS, DUT, L2) d'affiner leur spécialisation ou d'acquérir une nouvelle compétence. Et, surtout, de développer leur expérience. Zoom sur deux d'entre elles pages suivantes.

Après un bac + 2

→ En 1 an

UN ACCÈS SÉLECTIF

L'admission en licence pro se fait principalement sur dossier et, parfois, entretien. Certains profils de BTS, de DUT ou de L2 sont privilégiés selon les spécialités. Une attention particulière est portée à la connaissance du secteur et aux activités menées pendant les études (projets, missions pour une entreprise, stages) ou en dehors du cursus (vie associative, jobs....). Il est souvent demandé de joindre au dossier une lettre expliquant son projet professionnel, en vue de l'entretien de motivation.

DES EFFECTIFS RÉDUITS

L'enseignement a lieu en institut universitaire de technologie (IUT), plus rarement dans une unité de formation et de recherche (UFR) de droit, sciences économiques et gestion ou de sciences sociales, ou dans des lycées. Les effectifs sont restreints : une trentaine d'étudiants par promotion.

FORMATION PROFESSIONNELLE

Point fort de cette formation : l'expérience professionnelle. Les étudiants effectuent 12 à 16 semaines de stage au sein d'une entreprise et réalisent un projet tutoré (commercialisation d'un produit d'assurance...), le plus souvent en groupe et en partenariat avec une entreprise. Les cours sont assurés conjointement par des enseignants et des professionnels. Certaines licences peuvent être préparées en contrat d'apprentissage.

OBJECTIF : INSERTION

En principe, la licence pro n'appelle pas de poursuite d'études : les étudiants sont opérationnels dès la sortie. Ils ont acquis un niveau bac + 3 et ont renforcé leur expérience professionnelle. La licence pro ne leur garantit ni un salaire plus élevé, ni des responsabilités plus importantes qu'un BTS ou un DUT. Elle favorise toutefois l'accès à l'emploi et les évolutions de carrière.

Repère

Les licences pro se déclinent en domaines et mentions correspondant aux emplois visés. Chaque université propose des parcours de formation adaptés aux besoins d'emploi locaux.

À savoir

Spécifiques à l'établissement qui délivre la formation, les programmes, modalités d'accès et débouchés varient d'une licence pro à l'autre.

Licence pro chargé de clientèle en assurance

POUR QUI ?

Principalement des titulaires de BTS assurance ou banque, mais aussi de BTS commerciaux ou tertiaires, de DUT TC ou GEA et de L2 en droit, économie et gestion, administration économique et sociale...

OÙ ?

Université de Nîmes. Spécialisations proches proposées dans une vingtaine d'établissements *(voir le carnet d'adresses pp. 124, 125)*.

AU PROGRAMME

Cette formation aborde de manière dominante le secteur de l'assurance : les produits (assurance vie, assurances dommages, assurances agricoles...), la gestion des contrats (souscription, règlement des sinistres et des prestations...), le droit des assurances, mais aussi l'économie, l'anglais des affaires, l'expression écrite et orale. Quelques heures sont consacrées au secteur bancaire. Le 2e semestre laisse la place aux enseignements pratiques dispensés par des professionnels : gestion de la relation client avec des mises en situation professionnelle (techniques de vente, analyse, gestion et développement d'un portefeuille clients, négociations commerciales...). Deux stages de 7 semaines, en banque ou en assurance.

ET APRÈS ?

Accès à des postes de conseiller en assurances chez des agents généraux, en cabinet de courtage...

Quelques étudiants poursuivent en master assurance et gestion du risque, assurance et épargne, banque-finance-assurance...

Quel profil pour y entrer ?

L'avis de Laurence Diop,
responsable de la licence pro chargé de clientèle en assurance à l'université de Nîmes

« Cette formation ne nécessitant aucun prérequis, elle peut tout à fait convenir aux étudiants qui n'ont pas suivi le BTS assurance. Ce qui ne veut pas dire qu'elle n'a pas d'intérêt pour ceux qui viennent de ce BTS ! Le principal atout pour eux, précieux pour leur insertion, c'est de pouvoir engranger de nouvelles périodes de stage. Par ailleurs, l'approche des produits d'assurance est plus technique. Le projet tutoré, par exemple, est consacré à la présentation détaillée d'un produit d'assurance, que les étudiants ont eu à commercialiser pendant leur stage. De plus, un mémoire de 20 pages est à rendre et à soutenir en fin d'année devant un jury. Il s'agit d'un vrai sujet d'actualité à problématiser. Qu'apporte le courtage au secteur de l'assurance ? Quels sont les enjeux de la dépendance pour les assureurs ? Synthèse de ce qu'ils ont étudié pendant l'année, l'exercice nécessite aussi une importante recherche documentaire. »

Licence pro conseiller-gestionnaire de clientèle

POUR QUI ?

Principalement des titulaires de DUT TC, de DUT GEA, de BTS MUC ou de BTS banque, mais aussi de L2 en économie et gestion, droit, mathématiques...

OÙ ?

IAE de Caen. Spécialisations proches proposées dans une quarantaine d'établissements *(voir le carnet d'adresses pp. 124, 125).*

AU PROGRAMME

Cette licence pro est délivrée uniquement en alternance (contrat d'apprentissage ou de professionnalisation). Les élèves sont 15 jours en cours, 15 jours en entreprise. Selon leur spécialité d'origine, ils peuvent bénéficier d'une remise à niveau en droit, économie ou gestion. Les enseignements abordent l'environnement bancaire: les acteurs du système bancaire et financier, le droit bancaire, la fiscalité, les mathématiques financières... Au cours de l'année, ils affinent leur connaissance des différentes gammes de produits financiers, mais aussi d'assurance. Avec des professionnels du secteur, ils s'entraînent à la communication et à la négociation commerciale. L'année se clôt par la rédaction d'un mémoire et sa soutenance. Exemples de sujets: quel avenir pour les agences bancaires ? Quels nouveaux moyens de paiement ?

ET APRÈS ?

Accès à des postes de conseiller ou chargé de clientèle particuliers, de conseiller financier en établissement bancaire.

Environ 20 % des élèves poursuivent leurs études en master banque-finance-assurance, banque-patrimoine-assurance...

Quelle sélection ?

L'avis de Karine Buhler,
responsable de la licence pro conseiller-gestionnaire de clientèle à l'IAE de Caen

« En 2015, nous avons reçu environ 200 candidatures pour 50 places. Lors de l'entretien de sélection, nous vérifions la motivation des candidats et la cohérence de leur projet professionnel. Mais nous cherchons aussi à repérer s'ils ont les qualités requises pour exercer le métier de chargé de clientèle. C'est-à-dire s'ils sont dotés à la fois d'un sens de l'écoute et d'une force de conviction et de négociation. Nous leur demandons également d'avoir trouvé eux-mêmes un contrat d'alternance. La bonne réputation de notre établissement facilite leurs démarches, d'autant que nous avons comme partenaires la plupart des réseaux bancaires du Grand Ouest. »

LES LICENCES ET LES MASTERS *à la loupe*

Après le bac

→ En 3 à 5 ans

Dès la licence, mais surtout en master, l'université propose de nombreuses spécialisations en banque, finance et assurance.

PARCOURS EN 2 TEMPS

Les études longues à l'université commencent par la licence généraliste en 3 ans. Pour développer leur compétence professionnelle, ses titulaires poursuivent le plus souvent en master (2 ans), ou rejoignent une école spécialisée. Ceux qui ne souhaitent pas aller jusqu'à un bac + 5 peuvent, après la 2e année de licence (L2), préparer une licence professionnelle en 1 an.

BIEN CHOISIR SA FILIÈRE

Économie, gestion, droit, mathématiques et informatique appliquées aux sciences humaines et sociales (MIASHS)... quelle mention viser en fonction de son profil et de son projet ? Il est indispensable de prendre l'avis d'enseignants lors des journées portes ouvertes (JPO) ou du dispositif d'orientation active proposé par le portail d'inscription APB. Car, si la plupart des licences sont ouvertes à tous les bacheliers, selon les domaines, certaines séries de bac sont plus adaptées.

SPÉCIALISATION PROGRESSIVE

Assurant la transition entre le lycée et l'université, le programme de L1 est pluridisciplinaire. Ce qui facilite au besoin les changements de cap. Les 2 années suivantes (L2 et L3) permettent d'approfondir les bases acquises en L1. Amorcée en L2 ou L3 par un choix de parcours, la spécialisation prend effet au cours des 2 années de master. *À noter:* un stage ou un cursus alternant cours et emploi renforcent la professionnalisation.

LIBERTÉ À SURVEILLER

Au début, les étudiants auront peut-être l'impression que le rythme est moins intensif qu'au lycée. Pourtant, revoir ses cours, les enrichir par des recherches personnelles, préparer les travaux dirigés (TD)... exige un investissement important. Le tutorat proposé par des étudiants plus avancés, les séances de soutien assurées par les enseignants et les bilans d'étape... autant d'opportunités à saisir pour réussir.

Repère

L1, L2, L3 : les 3 années de licence. Accès direct en L2 ou L3 selon son profil. Après un DUT ou une classe prépa, par exemple.

M1, M2 : les 2 années de master. Accès de droit en M1 avec une licence compatible, sinon sur dossier ; accès sélectif en M2.

Info@

Pour découvrir les 3 années de licence : **www.onisep.fr/organisation_licence**

Conseils pour franchir le cap de la 1re année à l'université : **www.onisep.fr/reussir_licence**

Quelle licence choisir ?

Il n'existe pas de licence en banque, finance ou assurance directement accessible après le bac. Il faut commencer par une licence plus généraliste. Plusieurs mentions sont possibles :

• Économie et gestion : la plus répandue. Elle peut convenir à des grands débutants en sciences économiques et sociales Elle mêle les deux disciplines en L1 et L2, et permet à l'étudiant de se spécialiser en L3.

• Économie : très matheuse, elle s'adresse aux amateurs de statistiques visant un master en économétrie, par exemple.

• Gestion : tournée vers le monde de l'entreprise, elle commence souvent en L3, après une L1 et une L2 d'économie et gestion, et mène notamment à des masters en comptabilité.

• Droit : elle peut donner accès à des masters en droit des assurances ou en gestion du patrimoine.

• Mathématiques et informatique appliquées aux sciences humaines et sociales (MIASHS) : pluridisciplinaire (économie, statistiques, mathématiques et informatique), elle vise des masters en modélisation financière, gestion des risques ou actuariat. Bac S fortement conseillé.

Il existe également des bi-licences en droit et économie ou en économie et maths (proche de MIASHS), très sélectives.

Quand se spécialiser ?

Dans certaines licences, des parcours donnent la possibilité d'une spécialisation progressive : la licence de gestion de l'université de Lille 2 permet, par exemple, de choisir entre un parcours banque et un parcours finance internationale ; la licence d'économie et gestion de l'université de Lyon 2 offre un parcours banque-finance et contrôle des risques ; la licence de gestion de l'IAE de Rouen propose quant à elle un parcours gestion des assurances. Ce choix confère une coloration au cursus, sans prédétermination de la suite. Néanmoins, en donnant une première approche d'un domaine, il peut faciliter l'accès à un master correspondant : par exemple, le parcours droit et techniques de l'assurance de la licence de droit de l'université de Poitiers mène au master droit des assurances. Ces parcours commencent généralement en 3e année de licence (L3), parfois en 1re (L1) ou 2e année (L2).

Pourquoi pas un IAE ?

Au sein des universités, les instituts d'administration des entreprises (IAE) offrent presque systématiquement des spécialisations en finance ou en contrôle de gestion. Alternative aux écoles de commerce, les IAE, encore appelés écoles universitaires de management, sont très sélectifs (dossier, tests, entretien). Mais les coûts de scolarité sont ceux de l'université (184 € en licence, 256 € en master en 2015-2016). Les cursus vont le plus souvent de la 3e année de licence (L3) au master. Certains IAE commencent dès la L1, d'autres ne proposent que les 2 années de master.

Licence économie et gestion

POUR QUI ?

En L1, tous les bacheliers peuvent s'inscrire. Cependant, les ES et S ayant un bon niveau en maths sont ceux qui réussissent le mieux. En L2 et L3, accès sur dossier.

OÙ ?

Dans 43 universités.

AU PROGRAMME

L'enseignement est conçu pour des débutants en économie et en gestion. La L1 et la L2 sont pluridisciplinaires. Les étudiants optent pour la gestion ou pour l'économie en L3 en même temps qu'ils choisissent un parcours. Cette licence a un double objectif : maîtriser le raisonnement économique et acquérir les bases de la gestion d'entreprise. Les programmes diffèrent d'une université à l'autre avec cependant des blocs communs : économie, microéconomie (consommation, travail, stratégie des entreprises...), macroéconomie (mécanismes économiques de l'inflation, impact des taux d'intérêt sur l'investissement...), mathématiques et statistiques, informatique, initiation à la finance, comptabilité, contrôle de gestion, gestion des ressources humaines, histoire des institutions, droit, marketing et langues... S'ajoutent à ce socle les enseignements liés au parcours.

ET APRÈS ?

La grande majorité des étudiants poursuit en master et se spécialise, selon le parcours choisi en L3, en gestion, comptabilité, banque, économie ou finance.

Les premiers pas à l'université

L'avis de Walid Yousfi,
étudiant en master 2 gestion des instruments financiers à l'université de Cergy-Pontoise (95)

« En arrivant à l'université, j'ai découvert un univers différent du lycée. J'ai dû acquérir de nouvelles méthodes de travail, de l'autonomie. Un lycéen moyen peut devenir bon à l'université. Cela a été mon cas. Côté programme, j'ai aussi découvert de nouvelles matières : la gestion et la finance, par exemple. Les cours sont progressifs. Par exemple, en économie, la L2 nuance et affine les théories macroéconomiques abordées en L1... En mathématiques, les cours de L1 reprennent les fondamentaux de la terminale S. Mais, globalement, les mathématiques représentent une grande partie du programme des 3 années, avec une difficulté croissante en statistiques et en économétrie. Personnellement, j'étais plutôt solide en fonctions et en dérivée, et cela m'a été bien utile ! À Cergy, un test de maths en début de L1 permet de proposer aux plus faibles un cours de soutien. »

Quels masters ?

Le niveau bac + 5 est exigé en finance et pour certains métiers de la banque et de l'assurance. Plus de 200 masters sont spécialisés en banque, en finance ou en assurance avec une orientation juridique, comptable, gestionnaire, managériale, mathématique ou commerciale. Certains diplômes couvrent l'ensemble des carrières bancaires ; d'autres ciblent un domaine particulier (le management des risques, l'actuariat, la finance internationale) ou un métier (gestionnaire de patrimoine, chargé d'affaires entreprises...).

Quelle sélection ?

L'accès en 1re année de master (M1) est ouvert aux étudiants dont la formation bac + 3 est jugée compatible. Des conditions peuvent être imposées pour les formations les plus demandées. De manière générale, c'est l'accès en M2 qui est sélectif. L'entrée en master se prépare dès la licence. *« En fin de L2, j'ai repéré le master en alternance qui me convenait. J'ai redoublé d'efforts et obtenu ma licence avec 13 de moyenne. Mon autre atout était d'avoir un projet professionnel abouti et réfléchi »*, explique Walid Yousfi, en M2 gestion des instruments financiers.

Un master en alternance ?

L'avis d'Arnaud Thauvron,
responsable du master gestion de patrimoine à l'IAE Gustave-Eiffel de l'université Paris-Est Créteil

« En M1, nous recrutons des titulaires de licence (économie, gestion, droit) et de bachelor d'écoles de commerce, mais aussi 20 % d'élèves de licence pro banque, car ils ont une connaissance du terrain intéressante. L'année de M2 n'est proposée qu'en alternance. Nous recherchons des jeunes à l'aise à l'oral, avec de solides talents commerciaux. Une fois sélectionnés, nos élèves sont 4 jours par semaine chez l'un de nos partenaires (BNP Paribas Banque Privée, Société Générale et LCL) en tant qu'assistants conseillers en gestion de patrimoine. Chaque vendredi, ils ont cours de droit et de finance. À la clé, près de 80 % d'entre eux décrochent un CDI avant d'être diplômés, sans période d'essai et avec un salaire tenant compte de leur ancienneté : les banques sont sûres de recruter un bon élément, qu'elles ont formé et testé pendant 1 an. »

LES ÉCOLES DE COMMERCE *à la loupe*

Après le bac

→ En 3, 4 ou 5 ans

Après un bac + 2

→ En 3 ans

Voie d'accès à certains métiers de la banque, de la finance et de l'assurance, les écoles de commerce sont diverses par leur niveau d'entrée, la durée de leur formation et... la réputation.

APRÈS LE BAC

En 3, 4 ou 5 ans, ces écoles s'adressent en priorité aux bacheliers ES, S et STMG. Elles sont accessibles sur concours. Les écrits (QCM de logique, d'anglais, résumé de texte) ont lieu avant ceux du bac. S'ils ne nécessitent pas de révisions particulières, ils supposent d'avoir fait les démarches d'inscription à temps.

APRÈS UN BAC+2

Conduisant au niveau master, ces écoles sont accessibles après une classe prépa aux grandes écoles (CPGE) économique et commerciale (moins de la moitié des élèves), ou après un bac+2 (DUT, BTS ou L2), un bac+3 ou un bac+4 *via* les admissions parallèles. Les concours des admissions parallèles ressemblent aux concours post-bac, tandis que les épreuves post-prépa font appel aux connaissances accumulées pendant les 2 années de prépa et exigent un bon niveau en maths.

PLUS OU MOINS RECONNUES

Avec un coût moyen de 9 000 € par an, une école de commerce ne se choisit pas au hasard. Quelques labels distinguent les formations sérieuses: la reconnaissance de l'établissement par l'État, le visa du diplôme par le ministère chargé de l'Enseignement supérieur, le grade de master pour les formations menant à un bac+5.

PLUS OU MOINS SPÉCIALISÉES

Comptabilité, marketing, communication, contrôle de gestion, droit des affaires, ressources humaines: les premières années, généralistes, abordent tous ces domaines et couvrent l'ensemble des fonctions de l'entreprise. Des spécialisations, plus ou moins marquées selon les écoles, interviennent en fin de parcours. Stages, travaux de groupe, interventions de professionnels... la pratique occupe toujours une place de choix. Autres spécificités de ces cursus: la vie associative et l'ouverture à l'international. Tous les élèves partent au moins 1 semestre à l'étranger, pour un échange universitaire ou en stage en entreprise.

Repère

Les prépas économiques et commerciales, en 2 ans après le bac, se déclinent en trois options: économique (ECE) pour les bacheliers ES, scientifique (ECS) pour les bacheliers S et technologique (ECT) pour les bacheliers STMG.

Info@

www.onisep.fr/ecoles_commerce Pour bien choisir son école.

www.onisep.fr/classes_prepa Sur le fonctionnement des prépas.

Un bachelor, suffisant pour s'insérer ?

Les spécialisations en banque-finance sont plutôt rares en bachelor. Celui de l'ESC Pau fait exception. Il prépare aux fonctions de chargé de clientèle particuliers. Mettant l'accent sur les cours de techniques de vente et de négociation, ce bachelor permet une bonne insertion avec un niveau bac + 3. Ce d'autant plus qu'il est proposé en alternance : *« Nos étudiants ont une expérience de 1 an sur un poste au moment de chercher du travail »*, souligne Élisabeth Labro, directrice du bachelor. Cependant, elle observe qu'ils sont de plus en plus nombreux à poursuivre leurs études vers un bac + 5 en banque-finance pour renforcer leur spécialisation et obtenir une meilleure insertion.

Programmes grande école, quelles spécialisations ?

Des spécialisations en banque-finance sont proposées dans la plupart des programmes grande école (niveau bac + 5), principalement en finance d'entreprise. Seules HEC, l'Edhec et l'Essca préparent à la finance de marché, pour exercer dans le *trading* ou en banque d'investissement. Ailleurs, les spécialisations en finance d'entreprise forment aux métiers d'analyste en fusions-aquisitions ou de chargé d'affaires en financement de projet. Autre débouché : l'audit financier. Quelques écoles seulement préparent à des métiers précis de la banque (conseiller en patrimoine) ou de l'assurance (souscripteur, actuaire). *À noter :* de plus en plus de ces parcours peuvent être suivis en alternance.
Un moyen de réduire les frais de scolarité et de se rendre immédiatement opérationnel à la sortie de l'école.

Les certifications en finance ?

L'avis de Xavier Durand,
responsable du département finance à l'Essca, Angers (49)

« Aujourd'hui, le diplôme d'une grande école ne suffit plus. Pour pouvoir exercer certains métiers de la finance comme trader ou analyste financier, il faut obtenir la certification AMF (Autorité des marchés financiers). Entre 80 % et 90 % de nos étudiants en finance la valident chaque année. Nous les incitons vivement à faire cet effort tant qu'ils sont encore dans les études. Certains étudiants préparent également le CFA **(Chartered Financial Analyst),** ***reconnu à l'international. Ces certifications représentent un plus sur le CV, qui leur permet de faire la différence lors d'un recrutement. Certaines entreprises les privilégient même au diplôme : c'est surtout le cas à l'étranger avec le CFA. »***

L'ÉCOLE NATIONALE D'ASSURANCES *à la loupe*

Après le bac

→ En 3 à 6 ans

École de référence dans le domaine de l'assurance, l'Enass forme à la plupart des métiers du secteur.

ÉCOLE PUBLIQUE

Rattachée au Conservatoire national des arts et métiers (Cnam), l'Enass est un établissement public qui délivre trois diplômes: la licence professionnelle conseiller, souscripteur, gestionnaire en assurance, le master management de l'assurance et le MBA management des risques (plutôt réservé à des professionnels en exercice).

EN ALTERNANCE

Accordant une large place à la pratique, ces formations se préparent en contrat d'apprentissage ou de professionnalisation. En licence pro, les cours ont lieu 2 jours par semaine. Les alternants sont en entreprise le reste du temps, et touchent un salaire. Les coûts de formation sont pris en charge par l'entreprise. Le master compte 13 semaines complètes de cours réparties sur l'année, pour permettre une présence plus continue en entreprise.

ACCÈS SÉLECTIF

L'entrée se fait sur dossier en licence pro après un bac+2 en assurance, droit, économie, gestion... Sur concours en M1: en plus d'un résumé de texte et d'un QCM d'anglais, une épreuve au choix (droit, mathématiques, économie, lettres, assurance) permet à différents profils de tenter leur chance. L'entrée dans l'une ou l'autre de ces formations n'est possible qu'à condition d'avoir trouvé un employeur. Accès possible en M2, sur dossier et entretien après un M1 ou un M2 en économie, droit ou gestion.

PROGRAMME

Outre les cours portant sur le secteur et les techniques de l'assurance, les deux formations incluent des cours d'économie, de droit ou encore de comptabilité, ainsi que de management et de marketing. La plupart des intervenants sont des professionnels de l'assurance. Le master comprend un voyage d'études à l'étranger.

ET APRÈS?

Courtier, souscripteur, chargé d'études... quel que soit le métier exercé, l'Enass affiche fièrement un «100% de diplômés en emploi en moins de 3 mois»! Et, pour la suite de la carrière, la possibilité de s'appuyer sur un puissant réseau d'anciens.

Repère

Retrouvez les formations dans les rubriques «licences professionnelles» et «masters» du carnet d'adresses des formations, p. 119.

À savoir

Le contrat d'apprentissage donne droit à une rémunération allant de 41 % à 78 % du Smic, en fonction de l'âge de l'apprenti et de la durée du contrat.

LE CFPB à la loupe

Le Centre de formation de la profession bancaire, aussi appelé École supérieure de la banque, s'adresse à la fois aux jeunes désireux de se former en alternance et aux salariés souhaitant reprendre leurs études.

Après le bac

→ Divers niveaux d'entrée

ALTERNANCE

Le Centre de formation de la profession bancaire (CFPB) rassemble 14 CFA répartis sur l'ensemble du territoire et forme chaque année plus de 4 000 jeunes en alternance (en contrat d'apprentissage ou de professionnalisation), soit la moitié des alternants que compte la banque. Un quart des contrats visent la préparation d'un BTS, les trois quarts restants se répartissant à égalité entre licences professionnelles et masters.

FORMATION CONTINUE

Très développée dans le secteur bancaire, la formation continue donne la possibilité à de nombreux salariés recrutés avec un niveau bac ou bac + 2 de doper leur CV et leur carrière en validant un diplôme de niveau supérieur. Au total, plus de 5 000 personnes sont formées par le CFPB dans ce cadre chaque année.

DIPLÔMES D'ÉTAT ET TITRES PROFESSIONNELS

Le CFPB donne la possibilité de préparer des diplômes d'État, comme le BTS banque, conseiller de clientèle (particuliers), la licence professionnelle chargé de clientèle, les masters chargé d'affaires entreprises ou finance... Certains sont proposés en partenariat avec des établissements reconnus, comme le master finance de l'Essca (école de commerce post-bac en 5 ans). Outre ces diplômes, le CFPB dispense aussi des cursus propres, très renommés. Exemples: celui de l'Institut technique de banque (ITB), en management bancaire, qui correspond à un master; celui du Centre d'études supérieures de banque (CESB), en management également, qui correspond à un mastère spécialisé.

LES CERTIFICATIONS

D'autres certifications, comme celle de l'Autorité des marchés financiers (AMF), obligatoires pour exercer certaines professions, peuvent être validées par l'intermédiaire du CFPB.

Repère

Retrouvez les formations dans les rubriques « BTS » et « licences professionnelles » du carnet d'adresses des formations p. 119.

Info@

www.cfpb.fr/candidat-alternance Pour plus d'informations sur les formations proposées par le CFPB.

LES FORMATIONS D'ACTUAIRE *à la loupe*

Après un bac + 2

→ *En 3 ans*

Mathématiques, statistiques... sept formations donnent le titre d'actuaire. D'autres diplômes permettent également d'accéder au métier.

SEPT FORMATIONS RECONNUES

S'il est possible d'exercer le métier d'actuaire *(lire p. 44)* avec une formation en mathématiques ou statistiques, sept formations reconnues par l'Institut des actuaires délivrent le titre. Deux sont dispensées par des écoles (l'Ensae et l'Essec) et cinq par des universités (Brest, Lyon, Strasbourg, Pierre-et-Marie Curie à Paris et Paris-Dauphine).

ACCÈS

Ces formations sélectives sont accessibles après un bac + 2 (principalement après une prépa scientifique) et mènent en 3 ans à un diplôme de niveau bac + 5. Plusieurs d'entre elles se sont associées pour créer un concours commun : la banque d'épreuves des concours des écoles d'actuariat et de statistique (BECEAS). Dans la plupart, des accès en cours de cursus sont possibles pour les titulaires d'une licence ou d'un master à dominante scientifique. Chacune ne comprend que de petits effectifs de 10 à 20 étudiants.

PROGRAMME COMMUN

Statistiques, probabilités et mathématiques constituent le noyau dur de la formation. S'y ajoutent des enseignements spécifiques axés sur le calcul du risque en finance et dans les différents domaines de l'assurance. Des cours de finance, de comptabilité-gestion, d'économie, de droit privé, d'informatique appliquée aux activités de calcul (logiciels, bases de données et programmation) et d'anglais complètent le programme. Plusieurs stages sont organisés tout au long du cursus. Un mémoire de fin d'études doit être validé par un jury d'actuaires pour obtenir le titre.

LE TITRE D'ACTUAIRE

Le titre d'actuaire facilite l'insertion et l'évolution de carrière et de salaire. Néanmoins, il n'est pas obligatoire pour exercer. Il est en effet possible d'accéder aux fonctions de chargé d'études actuarielles avec un master, comme le master statistiques et actuariat de l'université de Poitiers ou encore le master ingénierie statistique et actuariat de l'université catholique d'Angers.

Info@

www.ceas.fr Pour plus d'informations sur la banque d'épreuves des concours des écoles d'actuariat et statistique.

Quel profil ?

Bosse des maths exigée ! Les étudiants sont généralement de purs scientifiques, passés le plus souvent par une classe préparatoire scientifique. Les élèves issus de classe préparatoire économique option scientifique avec un excellent niveau en maths peuvent aussi réussir.

Formation reconnue ou master en maths ?

« Les sept formations reconnues sont auditées régulièrement par notre institut », explique Khedija Abdelmoula, secrétaire générale adjointe de l'Institut des actuaires, *« c'est un gage de sérieux et de qualité. Et, pour les diplômés, cette reconnaissance est un élément clé sur un CV »*. Olivier Lopez, directeur de l'Institut de statistiques (Isup) de l'université Pierre-et-Marie-Curie le confirme : *« Ce label garantit une insertion proche de 100 % dès la sortie de formation. Et il permet aux diplômés d'évoluer ensuite dans les différents champs de l'assurance (assurance vie, assurance automobile...). »*

Pourquoi l'actuariat ?

L'avis de Pierre Montesinos,
étudiant en M1 actuaire à l'Institut de science financière et d'assurances (Isfa) de l'université Lyon 1

« Les secteurs de l'économie, de la finance et de l'assurance m'ont toujours intéressé. Ayant le goût des chiffres, je voulais exercer un métier permettant une application concrète des mathématiques dans ces domaines. C'est en me documentant que j'ai découvert le métier et la formation d'actuaire. Après 2 années de classe prépa scientifique (MPSI/MP*), j'ai passé le concours de l'Isfa. J'ai choisi ce cursus pour sa 3e année en alternance, ce qui me permettra dès l'an prochain de mettre un pied dans le monde professionnel. Et d'acquérir tous les réflexes et le savoir-faire de l'actuaire. »

Retrouvez la liste des formations p. 129.

PARCOURS D'ÉTUDES

À chacun son chemin

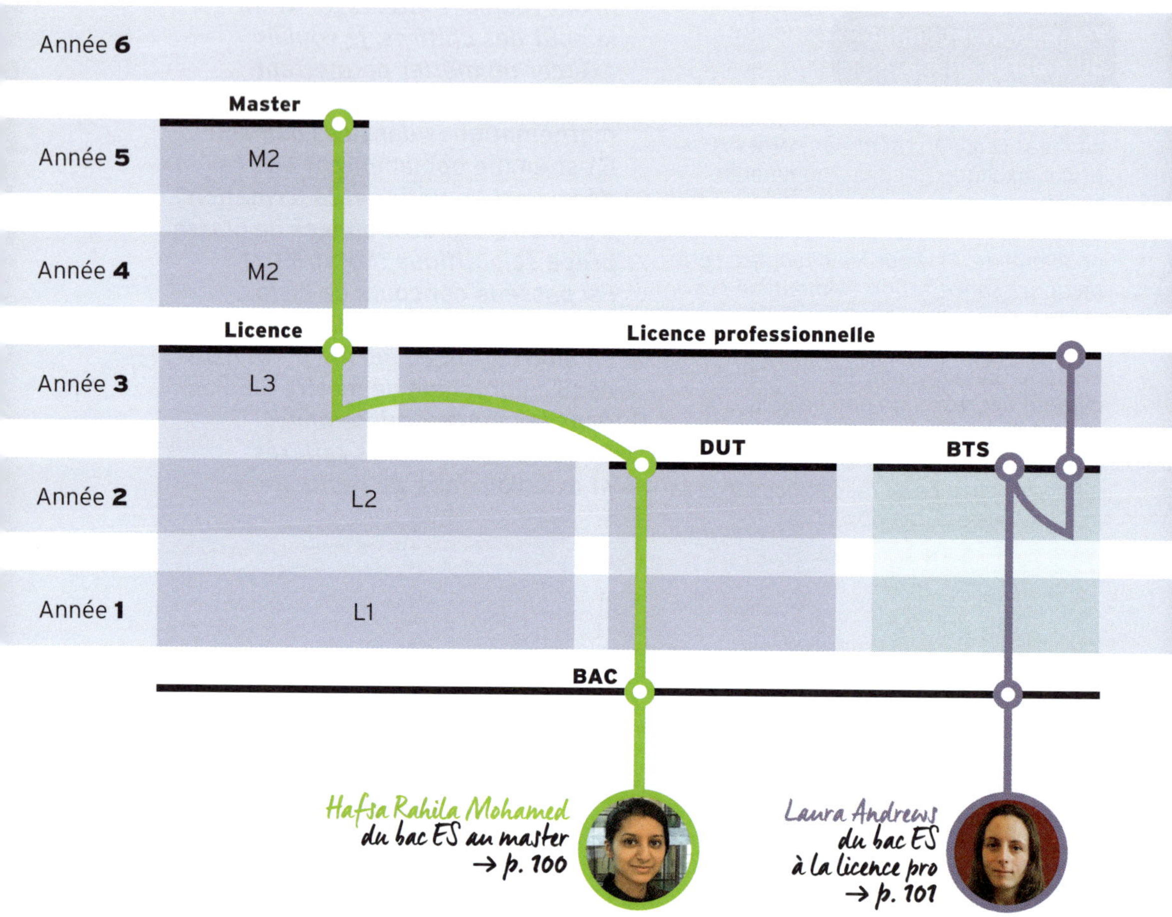

Il existe des passerelles entre les filières.

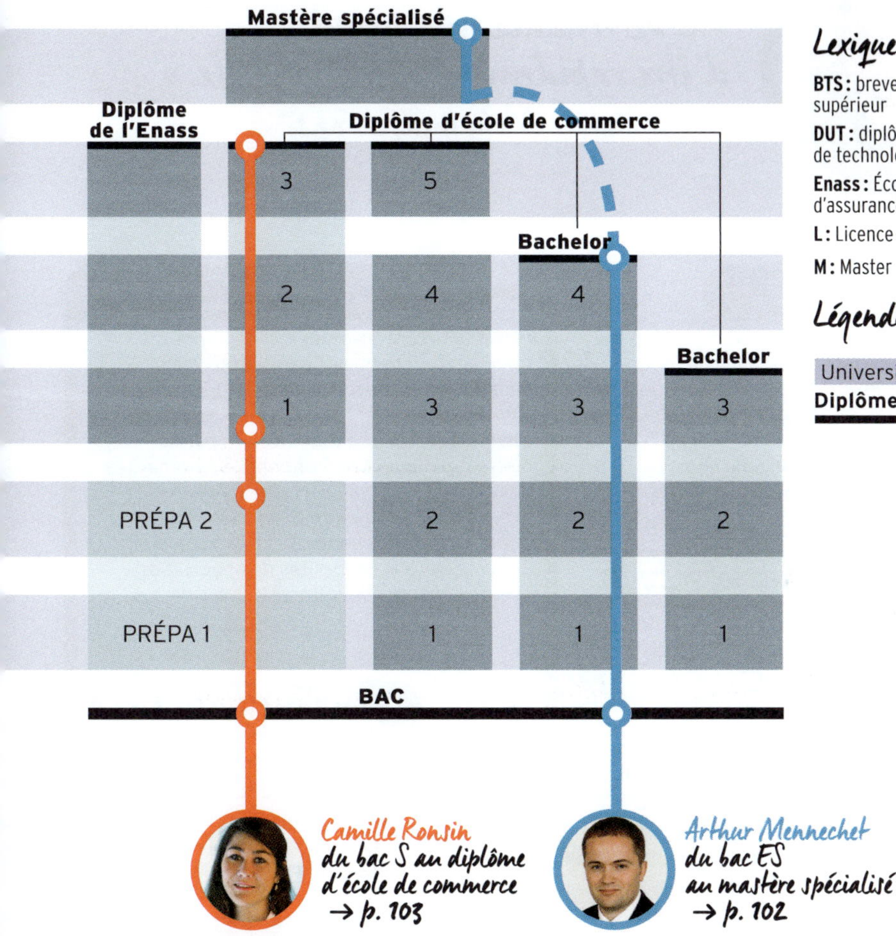

Lexique

BTS : brevet de technicien supérieur

DUT : diplôme universitaire de technologie

Enass : École nationale d'assurances

L : Licence

M : Master

Légende

Université Lycée École

Diplôme

VERS UN MASTER EN ASSURANCE

« L'alternance m'a permis d'être rapidement opérationnelle. »
Hafsa Rahila Mohamed, 25 ans

1 LICENCE ÉCONOMIE ET GESTION

Attirée à la fois par le commerce, la banque et l'assurance, Hafsa opte au lycée pour un bac ES. Elle s'inscrit ensuite en DUT gestion des entreprises et des administrations (GEA), puis continue en 3e année de licence (L3) d'économie et gestion, où elle choisit le parcours banque-finance-assurance.

2 STAGE ET DÉCLIC SECTEUR

Lors de son stage de fin d'année, elle découvre le monde de l'assurance. Chez Generali, au département souscription agricole, elle aide à gérer les contrats. *« C'était en juin et juillet, le service était en sous-effectif. J'ai eu de nombreuses demandes de souscription de contrats venant d'agriculteurs inquiets d'éventuels risques de sinistres, sécheresse, incendies. J'ai beaucoup appris ! »*

3 MASTER EN ALTERNANCE

Hafsa poursuit ses études, choisissant un master en banque-finance-assurance en alternance. *« Je voulais continuer à emmagasiner de l'expérience. »* Son choix s'avère payant. *« L'alternance m'a permis d'être rapidement opérationnelle. »* Immergée dans un service, Hafsa a pu se familiariser avec le milieu complexe de la souscription agricole, avec ses codes, ses lois. *« J'ai pu aussi affiner mes capacités de négociation avec les agents généraux et les courtiers. »*

4 EMBAUCHE À LA CLÉ

Diplômée en juin 2013, la société Generali lui fait confiance en l'embauchant dès septembre en contrat à durée déterminée (CDD), puis en contrat à durée indéterminée (CDI).

Hafsa gère actuellement un portefeuille important : 900 exploitations, réparties sur 10 départements. Elle vient d'être promue coordinatrice et dirige une équipe de cinq souscripteurs.

Lire le témoignage d'Hafsa sur son métier p. 54.

VERS UNE LICENCE PRO

« J'ai découvert l'univers de la banque lors de mon BTS. »
Laura Andrews, 28 ans

1 BTS MUC

Après son bac ES, Laura s'oriente vers un BTS management des unités commerciales (MUC). *« Je ne pensais pas du tout à la banque au départ. J'ai découvert cet univers grâce à un partenariat dans le cadre de mon BTS, qui m'a donné l'occasion de travailler le samedi à la Société Générale. »* Aimant le contact avec les clients, la jeune femme décide de poursuivre dans cette voie.

2 CHARGÉE D'ACCUEIL

Laura intègre la Société Générale en tant que chargée d'accueil. Pendant 1 an et demi, elle répond aux divers besoins des clients : prise de rendez-vous avec un conseiller, retrait et versement d'espèces, délivrance de chéquiers et de cartes bleues... Pour évoluer, Laura décide alors de profiter de la formation continue, très développée dans la banque.

3 BTS BANQUE

Elle s'inscrit en BTS banque afin d'élargir ses connaissances. Elle suit des cours 1 journée toutes les 2 semaines pendant 6 mois au Centre de formation de la profession bancaire (CFPB). *« Lors des examens, j'ai passé uniquement les épreuves professionnelles, car j'étais déjà titulaire du BTS MUC. »* Après l'obtention de son diplôme, Laura devient conseillère clientèle junior. *« Cette formation était une bonne opportunité. »*

4 LICENCE PRO

Pour compléter sa formation, la banque lui propose de valider une licence pro conseiller clientèle expert, au CFPB et à l'université. *« La licence était davantage axée sur la fiscalité, les marchés financiers et la gestion de patrimoine. Elle m'a appris à conseiller les clients dans ces domaines. »*

Laura est aujourd'hui chargée de clientèle particuliers à la Société Générale.

Lire le témoignage de Laura sur son métier p. 26.

VERS UN MASTÈRE SPÉCIALISÉ

« Mon parcours très complet m'a permis de sortir du lot. »
Arthur Mennechet, 28 ans

1 BAC ES

Au lycée, Arthur décroche un bac ES. *« Le monde de l'entreprise et la perspective de partir à l'international »* l'attirent. Il réussit le concours Sésame et intègre une école de commerce post-bac.

2 BACHELOR

Pendant les 4 années du bachelor de l'Essec, il étudie le commerce international et se spécialise dans la finance d'entreprise. Lors d'un stage à Hong Kong, il découvre, avec l'analyse financière, la vie des entreprises du point de vue des banques. *« La finance permet de découvrir beaucoup de secteurs et de stratégies d'entreprises. »* Son envie évolue.

3 MASTÈRE SPÉCIALISÉ

« En mettant l'économie au premier plan, la crise a renforcé mon intérêt pour la finance. » Arthur fait un stage en analyse financière chez General Electric, à Londres. Grâce à son expérience, il peut s'inscrire en mastère spécialisé en analyse financière internationale à Neoma (normalement accessible après un bac+5). Il aborde toutes les facettes du domaine et sort major de promo de son bac+6.

4 CERTIFICATS EN FINANCE

En parallèle, il participe à la compétition d'analyse financière du CFA Institute, qui lui ouvre les portes d'un stage en salle de marché chez HSBC. Après son mastère spécialisé, il repart à Hong Kong où il prépare un certificat en finance de marché. *« J'ai eu un parcours très complet qui m'a permis de montrer ma motivation et de prouver mes compétences techniques auprès des employeurs. »* Un pari gagné.

Jeune diplômé, Arthur trouve vite un poste d'analyste financier. Il donne aussi des cours en école de commerce et anime le réseau des anciens élèves du mastère spécialisé de Neoma.

Lire le témoignage d'Arthur sur son métier p. 34.

VERS UNE ÉCOLE DE COMMERCE

« J'ai choisi la voie qui me laissait le plus de portes ouvertes. »
Camille Ronsin, 28 ans

1 BAC S

Au lycée, Camille choisit le bac S, sans idée précise de ce qu'elle fera plus tard. Mais elle en est sûre, ce ne sera pas de la finance ! *« À cause de la mauvaise image que j'en avais. »* Après son bac, elle intègre une prépa économique et commerciale qui lui laisse un maximum de portes ouvertes. *« Une stratégie que j'ai poursuivie tant que je n'ai pas su vers quel secteur m'orienter. »*

2 PRÉPA ÉCO

La prépa, ce sont 2 années intenses, très formatrices : *« Peut-être les années les plus importantes de mes études »*, précise la jeune femme. Elle réussit le concours de l'EM Lyon, une école de commerce qui lui permet de se construire *« un parcours à la carte. »*

Une fois diplômée, Camille décroche un poste d'analyste en fusions-acquisitions en volontariat international à New York, chez BNP Paribas. Elle est ensuite embauchée en CDI à Paris.

3 SPÉCIALISATION EN FINANCE

« En 1re année, les cours de finance et de comptabilité sont ceux qui m'intéressaient le plus, pour la rigueur intellectuelle qu'ils exigent. » L'année se termine par un stage en Australie. *« J'y apprends l'anglais, mais je m'aperçois que la communication ne me plaît pas. »* Les cours de marketing et de ressources humaines non plus : de retour en France, Camille est sûre de sa spécialisation pour les 2 dernières années : la finance !

4 STAGES

Pour ses stages, elle saute la case audit, pourtant très fréquente, fait de l'analyse de crédit, mais se rend compte qu'elle cherche quelque chose de plus dynamique. Pour autant, le côté *« très court terme »* de la finance de marché ne l'attire pas non plus. Elle découvre la « fusion-acquisition » : un bon tremplin pour les jeunes. *« J'ai fait mon dernier stage dans ce domaine. »*

Lire le témoignage de Camille sur son métier p. 36.

EMPLOI

LES EMPLOYEURS DU SECTEUR

Poids lourds de l'économie française, la banque et l'assurance sont parmi les premiers employeurs privés. Tandis que la banque totalise 370 000 salariés, l'assurance emploie plus de 230 000 personnes.

BANQUES DE DÉTAIL

Les banques de réseau ou de quartier, sont spécialisées dans la gestion des comptes bancaires des particuliers, des professionnels et des petites et moyennes entreprises. Elles regroupent la majorité des effectifs bancaires, puisque plus de 70 % des salariés du secteur travaillent dans cette branche. Parmi les plus importantes : BNP Paribas, le Crédit Agricole et la Société Générale. Pour être plus proches de leurs clients, elles ont développé de très importants réseaux d'agences réparties un peu partout sur le territoire. On en compte environ 37 000. Avec le développement des services en ligne, ce chiffre est cependant à la baisse. Certaines banques fonctionnant exclusivement à distance ont vu le jour : Boursorama, HelloBank, Fortuneo, Monabanq... Elles emploient 7 000 salariés aujourd'hui.

BANQUES DE FINANCEMENT ET D'INVESTISSEMENT

Les BFI peuvent être des filiales de groupes bancaires (Crédit Agricole Corporate and Investment Banking, Natixis...) ou des sociétés indépendantes (Goldman Sachs, JPMorgan, Morgan Stanley). Leur mission : traiter des opérations d'envergure comme le financement d'une autoroute, l'introduction en Bourse d'une entreprise, les fusions-acquisitions... Mais aussi produire de l'analyse financière pour que les pros du *front office* fassent les bons choix d'investissement. Sur les 370 000 collaborateurs du secteur bancaire, un peu plus de 18 000 travaillent en BFI.

SOCIÉTÉS DE GESTION

Sur les 600 sociétés de gestion recensées en France, les deux tiers sont indépendantes. Les autres sont adossées à des groupes bancaires ou d'assurances, français ou étrangers. Elles collectent l'épargne individuelle ou celle d'investisseurs institutionnels et la placent sur les marchés financiers *via* des fonds d'investissement, apportant ainsi des capitaux à différents acteurs de l'économie. Selon l'Association française de la gestion financière, 20 000 personnes exercent en sociétés de gestion.

SOCIÉTÉS D'ASSURANCES

Elles font travailler 147 000 salariés en France. Bien connues du grand public (Axa, Allianz, Groupama...), ces sociétés (compagnies et mutuelles) assurent les particuliers, les professionnels (artisans, commerçants), les entreprises, les collectivités locales. Elles couvrent en tout trois grands domaines : l'assurance aux personnes (assurance vie, santé, dommages corporels), l'assurance des biens (voiture, habitation, construction) et enfin la réassurance, c'est-à-dire l'assurance des assureurs.

AGENTS GÉNÉRAUX ET COURTIERS

Particularité de certaines sociétés d'assurances par rapport aux banques : leurs produits ne sont pas vendus dans des bureaux ou points de vente dont elles sont propriétaires, mais par des agents généraux. Estimés à un peu plus de 12 000, ceux-ci sont leur propre patron et peuvent employer directement des salariés. Au total, 23 000 personnes travaillent dans ce type d'agences.
Autre acteur du secteur : les cabinets de courtage en assurances, au nombre de 3 500 environ. La majorité est concentrée en Ile-de-France.
Ces cabinets emploient 33 000 salariés qui, contrairement aux agents généraux, ne sont liés à aucune compagnie en particulier. Ils sont indépendants et représentent leurs clients (particuliers, professionnels, entreprises).
À noter aussi : 3 500 experts en assurances, souvent indépendants, travaillent en lien permanent avec les compagnies d'assurances et les agents généraux.

LES COMPÉTENCES ATTENDUES

Rigueur, qualités relationnelles, art de la négociation... pour exercer dans la banque, la finance ou l'assurance, il faut plusieurs cordes à son arc. Zoom sur les compétences indispensables.

Sens du contact
Et fibre commerciale

Pour les professionnels de la banque et de l'assurance, *« il est important d'avoir un bon relationnel et d'aimer le contact avec les clients »*, souligne Laura Andrews, chargée de clientèle particuliers. Mais avoir le sens du contact ne suffit pas. Il faut également être capable de vendre des produits et de négocier. *« Afin d'obtenir pour mon client la meilleure garantie, au meilleur prix, je dois user de tout mon art de la négociation avec les compagnies d'assurances »*, explique Soulaif Id Bella, courtière en assurances. Une compétence qui n'est pas étrangère au monde de la finance. *« Je dois vendre mes expertises, convaincre les clients que mes analyses sont les plus pertinentes »*, précise Arthur Mennechet, analyste financier.

Confiance en soi
Et sang-froid

Autre qualité nécessaire, surtout dans les métiers de la finance : le sang-froid. Il en faut pour prendre rapidement des décisions qui engagent des sommes importantes. *« Un gérant de portefeuilles doit garder la tête froide quand il passe un ordre de 10 millions d'euros, et être sûr de lui car ses choix peuvent mettre en difficulté des entreprises »*, développe Gary Girault. Pour Alexandra Lemay-Coulon, de l'Association française des marchés financiers (Amafi), travailler dans la finance nécessite de *« ne pas se laisser submerger par l'enjeu »*. Hülya Melek, gestionnaire de back office, confirme : *« Ce métier peut être stressant. On s'occupe de très gros montants et il faut savoir jongler avec des devises, des contraintes et des délais différents. »*

Suivre l'actualité économique et réglementaire : une nécessité dans de nombreux postes.

© GREGOIRE MAISONNEUVE/ONISEP

Être bilingue
In English, please

L'anglais est indispensable en finance. *« Les informations financières circulent en anglais, aujourd'hui. Le fait que je parle couramment cette langue a été déterminant dans mon recrutement. C'est ce qui a fait la différence avec d'autres candidats aux parcours proches »*, explique Gary Girault, gérant de portefeuilles. En *back office* également, les pros collaborent avec le monde entier. Une seconde langue étrangère est un atout supplémentaire. *« J'ai décroché un stage à Hong Kong parce que j'avais étudié le mandarin pendant 5 ans »*, explique Arthur Mennechet, analyste financier.

Essor du digital
Savoir s'adapter

Avec l'essor du numérique, les métiers de la banque et de l'assurance sont en pleine mutation : développement des banques en ligne, des comparateurs d'assurances sur Internet, de la souscription en ligne et *via* les applications mobiles... *« Internet a modifié la gestion de la relation client »*, explique Béatrice Layan, responsable de l'Observatoire des métiers de la banque. *« Mieux informés, les clients ont aujourd'hui des exigences accrues. »* La capacité d'adaptation est donc essentielle ! *« Un jeune qui entre aujourd'hui dans la banque doit avoir intégré le fait que, dans 10 ans, il y a de grandes chances qu'il n'exerce plus le même métier que celui pour lequel il a été recruté. Savoir s'adapter est une nécessité »*, poursuit un responsable de l'Association française des banques (AFB).

Rigueur
Et goût des chiffres

Pour réussir dans la banque et l'assurance, les pros sont unanimes : il faut avoir une rigueur à toute épreuve et aimer les mathématiques. *« Mon métier nécessite d'avoir un bon bagage en maths »*, rappelle Gautier Vivard, data scientist chez LCL. Les actuaires, les analystes financiers, les analystes en fusions-acquisitions, les gérants de portefeuilles jonglent aussi avec les chiffres et manipulent des tableaux Excel quotidiennement. *« Il faut aimer les chiffres, les vérifier et être attentif aux détails »*, résume Hülya Melek, gestionnaire de back office.

LES TENDANCES DU RECRUTEMENT

La banque comme l'assurance maintiennent leurs recrutements, avec une priorité donnée aux profils commerciaux. Dans la finance, en revanche, la tendance est plus timide.

Banque : le niveau monte

La banque a recruté 35 000 personnes en 2014, contre 31 000 en 2013, selon la Fédération bancaire française. Plus de la moitié de ces embauches ont concerné des postes commerciaux. Mais les profils recherchés changent. *« Internet a fait évoluer la relation client. Les questions des clients sont désormais plus pointues »*, explique Béatrice Layan, responsable de l'Observatoire des métiers de la banque. Si les chargés de clientèle sont toujours embauchés à bac + 2, les banques ont désormais une préférence pour les bac + 3. *« Près de 40 % de nos étudiants poursuivent vers une licence professionnelle »*, souligne Ghislaine Eymery, enseignante en BTS banque. Par ailleurs, de nouveaux métiers font leur apparition, comme celui de data scientist, qui exige un bac + 5.

L'apprentissage se développe dans la banque comme dans l'assurance.

La finance, fragilisée, redémarre

Avec la crise, les recrutements en banques de financement et d'investissement (BFI) se sont contractés et les équipes réduites. Mais un frémissement s'amorce. Encore faut-il viser juste ! *« En finance, les tendances du recrutement sont très changeantes d'une année sur l'autre. Seule constante : si le mythe du trader colle à l'image de la finance, il faut rappeler qu'ils sont très peu nombreux. C'est du côté de la gestion des risques, de la conformité, du* middle *et du* back office *que les flux sont les plus importants »*, explique Yamina Tajeddine, maître de conférences en finance à l'université Paris-Ouest Nanterre. Avec une réserve : les groupes bancaires externalisent de plus en plus le traitement des opérations, parfois à l'étranger.

Étoffer son bac + 5

Moins de postes ouverts en finance signifie plus de compétition. *« Et, dans ce secteur, 90 % des salariés sont des cadres, ayant au minimum un bac + 5 »*, observe Alexandra Lemay-Coulon, de l'Association française des marchés financiers (Amafi). Les métiers accessibles à bac + 3 il y a quelques années, comme ceux du *back*

370 000

emplois salariés dans la banque.

35 000 recrutements par an :
- dont 23 % en alternance
- dont 32 % ont au moins un bac + 5

Source : Fédération bancaire française, 2015.

147 000

emplois salariés dans les sociétés d'assurances.

13 000 recrutements par an :
- dont 25 % en alternance
- dont 25 % ont au moins un bac + 5

Source : Observatoire de l'évolution des métiers de l'assurance, 2015.

office, se sont presque totalement alignés aujourd'hui sur le niveau bac + 5. Et, pour les postes où le niveau master était déjà la règle, le candidat qui veut tirer son épingle du jeu doit étoffer son CV avec un diplôme supplémentaire (un mastère spécialisé, par exemple, de niveau bac + 6) et/ou une certification comme celle de l'Autorité des marchés financiers (AMF) ou celle de l'institut CFA *(Chartered Financial Analyst)*, reconnue à l'étranger. Il peut aussi certifier son niveau d'anglais par un TOEFL ou un TOEIC. Mais pas seulement : *« Avant d'arriver sur le marché de l'emploi, j'ai suivi une formation pour le logiciel VBA, relié à Excel. Cela permet d'automatiser des tâches et d'être plus rapide »*, raconte Arthur Mennechet, analyste financier.

Assurance : place aux commerciaux

Dans l'assurance, le rythme des recrutements (13 000 embauches par an) devrait se maintenir dans les années qui viennent pour faire face aux nombreux départs à la retraite. Les métiers commerciaux et de gestion des contrats représentent l'essentiel des besoins (61 % des recrutements). Un métier amené à se développer ? Celui de téléconseiller, dont le nombre a presque doublé en 8 ans. Quant au niveau de la qualification à l'embauche, il reste assez stable : la majorité des postes sont accessibles avec un bac + 2 (BTS assurance, DUT carrières juridiques option assurance, BTS commerciaux...). Les titulaires d'un bac + 5 ne représentent qu'un quart des recrutements. Mais, dans les deux cas, la part belle est faite à l'alternance, *« qui représente un quart des recrutements dans le secteur »*, confirme Norbert Girard, secrétaire général de l'Observatoire de l'évolution des métiers de l'assurance.

MES DÉBUTS EN AGENCE D'ASSURANCES

Charlène Buiques,
conseillère en assurances chez AXA

CV

- Bac L
- Licence en histoire de l'art
- Master 2 en histoire de l'art et muséologie
- Formation de responsable en développement commercial*, du réseau Negoventis

Son conseil !

« L'alternance est précieuse pour découvrir toutes les facettes du métier. Surtout, cela permet d'être immergé dans la vie professionnelle et d'avoir rapidement des responsabilités ! »

Attirée par le domaine de l'assurance des œuvres d'art, Charlène s'inscrit après son bac L en licence d'histoire de l'art puis continue en master à l'École du Louvre. Mais elle se rend compte qu'une spécialisation aussi étroite lui offre peu de chances de trouver un emploi. Elle se réoriente vers le secteur plus large de l'assurance.

Formation en alternance

« Je voulais entrer rapidement sur le marché de l'emploi, j'ai donc opté pour une formation en alternance. » Sur la recommandation d'un professionnel du secteur, Charlène décide d'intégrer une formation de 14 mois qui prépare en alternance aux produits de l'assurance et de la banque. Avec, à la clé, l'obtention d'un niveau bac + 3. *« Le fait que cette formation était dispensée par Axa, une grande société d'assurances, a achevé de me convaincre. »*

Passeport pour l'emploi

« Cette formation mêlait la théorie (marketing, comptabilité, droit des assurances...) à la pratique en agence. » Un choix bénéfique qui lui permet d'intégrer une équipe de conseillers et d'être au contact direct du client. À la fin de ce cursus, Charlène a été recrutée en CDI dans la même agence, à Lyon.

La polyvalence des missions

Ce qu'elle préfère dans son métier ? La diversité de ses missions : la gestion et le suivi des contrats, les activités commerciales (prospection de nouveaux assurés par téléphone ou par mail) et, surtout, le contact direct avec les clients (conseil, aide au choix, vente de contrats, assistance en cas de sinistre...). *« C'est le cœur de mon métier. L'important est d'être à l'écoute et d'anticiper leurs attentes. »*

* Formation reconnue par l'État, inscrite au RNCP (de niveau II).

MES DÉBUTS DANS LA BANQUE EN LIGNE

Nancy Binchet,
conseillère senior à Boursorama Banque

CV

- Bac S
- Licence d'économie et gestion parcours économétrie
- Master d'économie spécialisé en économétrie

Son conseil !

« Les banques en ligne sont les banques du futur. Ce sont des entreprises jeunes, en pleine expansion, qui permettent d'apprendre vite. C'est très formateur lorsque l'on débute. »

Après un master en économie, Nancy intègre le Crédit Mutuel comme chargée de clientèle particuliers. Pendant 5 ans, elle gère un portefeuille de 800 clients, qu'elle conseille pour des placements, des demandes de crédit ou d'assurance. Elle fait une pause dans sa carrière, pour faire un volontariat international en entreprise (VIE) dans une ONG en Afrique.

CV en ligne

À son retour, Nancy poste son CV sur un site d'offres d'emploi. Elle est rapidement contactée par un cabinet de recrutement travaillant pour Boursorama. *« Mon profil de chargée de clientèle les a intéressés. »* Elle passe alors plusieurs entretiens et tests de connaissances, avant d'être retenue. Après une dizaine de jours de formation intensive, elle intègre son poste. *« Les premiers temps, j'étais en binôme avec un conseiller senior, afin d'être épaulée pour mes premiers contacts client. »*

Polyvalence

Nancy est chargée de répondre aux appels et aux mails des clients, uniquement des particuliers. *« L'aspect commercial est moins présent qu'en agence. »* Son poste est aussi plus polyvalent : *« Dans une même journée, je peux traiter des demandes très différentes. »*

Conseillère senior

Depuis 1 an, Nancy est passée conseillère senior. *« Je suis le bras droit du directeur d'équipe. Je réponds à des demandes client plus complexes et je participe à la formation des nouveaux conseillers. »* Une évolution que la jeune femme apprécie. *« J'ai pu progresser plus vite que dans une banque de réseau. »* Aujourd'hui, elle espère poursuivre sa carrière dans la banque en ligne, *« qui est amenée à se développer, ce qui est très motivant »*.

GUIDE PRATIQUE

COMPARER LES FILIÈRES

BTS, DUT, licence pro, master... ? Reportez-vous à ce tableau pour découvrir d'un coup d'œil les caractéristiques des principales filières citées dans cette publication.

	BTS	DUT	Licence pro
Titre délivré	Diplôme national	Diplôme national	Diplôme national
Établissement	Section de techniciens supérieurs, en lycée ou en école	IUT, à l'université	Université
Niveau d'admission	Bac	Bac (ou bac + 2 pour l'année spéciale)	Bac + 2
Durée des études	2 ans	2 ans	1 an
Accès	Sur dossier, parfois entretien	Sur dossier, parfois entretien	Sur dossier et entretien
Stages	12 semaines	10 à 16 semaines	12 à 16 semaines
Apprentissage	Oui (offre variable selon les spécialités)	Oui (offre variable selon les spécialités)	Oui (offre variable selon les spécialités)
Validation	Examen final avec une part de contrôle continu	Contrôle continu	Contrôle continu et/ou examen final
Droits d'inscription (2015-2016)	Gratuit dans le public, variable dans le privé	184 €	184 €
Poursuite d'études	Pour 53 % des étudiants, mais variable selon les spécialités	Pour 82 % des étudiants	Pour environ 20 % des étudiants

	Licence	Master	Diplôme d'école de commerce
	Diplôme national	Diplôme national	Diplôme d'école*
	Université	Université	École de commerce
	Bac	Licence	Bac ou bac + 2
	3 ans	2 ans	3 à 5 ans selon le niveau d'admission
	Pas de sélection en L1, mais avoir un profil cohérent	Sur dossier et entretien en M2, voire en M1	Sur épreuves
	Facultatifs, le plus souvent	4 à 6 mois	Durée variable selon les écoles
	Très rare	Oui (offre variable selon les spécialités)	Oui (offre variable selon les écoles)
	Contrôle continu et/ou examen final	Contrôle continu et/ou examen final	Contrôle continu
	184 €	256 €	Jusqu'à 10 000 € l'année
	Le plus souvent, essentiellement en master	Possibilité de continuer en doctorat (pour faire de la recherche) ou de rejoindre une école	Variable selon le niveau de sortie

* Le visa du ministère chargé de l'Enseignement supérieur et de la Recherche accordé à certains diplômes d'écoles de commerce officialise leur niveau académique et garantit leur qualité.

BTS : brevet de technicien supérieur - DUT : diplôme universitaire de technologie - IUT : institut universitaire de technologie.

PRÉPARER SON ENTRÉE DANS LE SUPÉRIEUR

Dès la classe de 1re, et tout au long de la terminale, construisez votre parcours étape par étape.

Classe de 1re

SEPTEMBRE À DÉCEMBRE

→ Engagez le **dialogue** avec l'équipe éducative et participez aux **actions d'orientation et d'information** organisées dans votre lycée.

→ Profitez des **salons d'orientation** ou des **conférences thématiques** organisés dans votre région pour démarrer la réflexion en famille, en prolongement de l'accompagnement effectué en classe.

→ Sur **www.onisep.fr**, consultez le guide ***Après le bac, choisir ses études supérieures*** de votre région. Il permet de repérer toute l'offre de formation dans votre académie, avec indication des cursus publics et privés. Pour une information plus approfondie, consultez l'onglet « Après le bac » sur **www.onisep.fr**.

→ Pour une réflexion autour de vos centres d'intérêt et le choix de votre formation, prenez rendez-vous avec un conseiller d'orientation-psychologue (COP) du **centre d'information et d'orientation (CIO)** le plus proche de chez vous.

DÉCEMBRE À FÉVRIER

→ Universités, centres de formation d'apprentis (CFA), écoles… les établissements organisent des **journées portes ouvertes (JPO)**. Retrouvez les dates de ces journées sur **www.onisep.fr**, dans l'espace dédié à votre région ou sur le site de votre rectorat.

→ Des **journées d'immersion** permettent aussi d'aller découvrir les universités, seul ou avec sa classe. C'est l'occasion de rencontrer des étudiants et des enseignants, de suivre certains cours, de sentir l'ambiance de travail.

→ L'accès à l'immense majorité des places dans le supérieur est régi par la **procédure nationale d'admission post-bac (APB)**. Renseignez-vous sur les modalités, le calendrier, etc.

Classe de terminale

SEPTEMBRE À DÉCEMBRE

→ En préparation des inscriptions, repérez sur **www.onisep.fr_APB** les filières dont l'inscription s'effectue *via* la procédure Admission post-bac, et celles qui ont leur propre procédure d'inscription.

→ Pour des renseignements précis sur une filière d'études, n'hésitez pas à poser toutes vos questions par courrier électronique, tchat ou téléphone aux conseillers de l'Onisep *via* le service **www.monorientationenligne.fr**.

DÉCEMBRE À MARS

→ Sur **www.onisep.fr**, consultez le guide ***Après le bac, choisir ses études supérieures*** de votre région avant d'effectuer vos vœux sur **www.admission-postbac.fr** dès janvier, ou directement auprès des établissements dans certains cas. Si vous visez une formation en **apprentissage**, postulez également auprès des entreprises.

→ Poursuivez aussi les **visites d'établissements**.

→ Le site **www.admission-postbac.fr** permet aux élèves de terminale d'effectuer des demandes d'inscription dans plusieurs filières du supérieur. Dès le mois de décembre, vous y retrouvez la liste des formations ouvertes à la rentrée suivante, le calendrier et les différentes étapes à respecter, les profils particuliers (déjà bachelier, bac obtenu à l'étranger). Ceux qui visent l'université doivent aussi effectuer une demande de conseil (dite « orientation active ») sur la cohérence des vœux de licences.

CARNET D'ADRESSES DES FORMATIONS

Toute l'info sur les formations et les établissements mise à jour sur **www.onisep.fr**

Au sommaire

BTS

Sont présentés ici les deux brevets de technicien supérieur du secteur de la banque et de l'assurance. Les établissements de formation sont classés par départements avec leur statut (public, privé sous contrat/hors contrat, consulaire).
Les formations en apprentissage sont signalées par un **A**. Pour localiser les BTS commerciaux qui mènent également aux métiers de la banque et de l'assurance, consultez notre site : **www.onisep.fr**.

ASSURANCE

02 Soissons Lycée St-Rémy 03 23 53 20 62 **Pr Sc S**
06 Antibes Lycée J Audiberti 04 92 93 31 31 **Public S**
06 Cannes Esccom 04 93 68 42 11 **Pr Hc S**
06 Cannes Institut libre d'études commerciales 04 97 06 64 51 **Pr Hc S**
06 Nice LP des métiers St-Vincent de Paul 04 93 89 96 45 **Pr Sc A**
10 Troyes Lycée Ch de Troyes 03 25 71 53 00 **Public S**
13 Marseille Lycée M de Sully 04 91 48 27 87 **Pr Sc S**
13 Marseille Lycée V Hugo 04 91 11 05 00 **Public S**
14 Caen École supérieure des services aux entreprises 02 31 53 30 30 **Pr Hc S**
19 Brive-la-Gaillarde Lycée Bahuet 05 55 92 83 00 **Pr Sc S**
25 Besançon Lycée C N Ledoux 03 81 48 18 18 **Public S**
25 Montbéliard LP les Huisselets 03 81 99 31 00 **Public S** ou **A**
26 Romans-sur-Isère Lycée du Dauphiné 04 75 02 28 93 **Public S**
29 Landerneau Lycée St-Sébastien 02 98 85 12 55 **Pr Sc S**
30 Nîmes Lycée A Camus 04 66 62 91 71 **Public S**
31 Toulouse Institut JJ Rousseau 05 61 63 10 12 **Pr Hc S**
31 Toulouse Lycée Ozenne 05 61 11 58 00 **Public S** ou **A**
33 Bordeaux Institut consulaire de formation en alternance (ICFA) 05 56 79 52 00 **Consulaire A**
33 Bordeaux Lycée J Condorcet 05 56 69 60 50 **Public S**
33 Mérignac Institut de formation pour l'emploi et l'entreprise (IF2E) 05 56 49 41 33 **Pr Hc S**
34 Castelnau-le-Lez Epicom 04 67 72 03 04 **Pr Hc S**
34 Montpellier IFC Montpellier 04 67 65 50 85 **Pr Hc S**
34 Montpellier Lycée Clemenceau 04 67 06 03 33 **Public S**
34 Montpellier Lycée Rabelais 04 67 65 95 54 **Pr Sc S**
35 Cesson-Sévigné Ecofac Business School (ex-Ister) 02 23 30 00 11 **Pr Hc S**
35 Rennes École Aftec de Rennes 02 99 86 11 00 **Pr Hc S**
35 Rennes Lycée de la Salle 02 99 87 12 12 **Pr Sc S**
36 Châteauroux Lycée Ste-Solange 02 54 53 50 00 **Pr Sc A**
37 Chambray-lès-Tours Lycée Ste-Marguerite 02 47 74 80 00 **Pr Sc S**
38 Saint-Martin-d'Hères CFP Charmilles 04 76 03 74 00 **Pr Hc A**
44 Basse-Goulaine Lycée La Herdrie 02 51 71 32 00 **Public A**
44 Nantes IMS 02 51 84 52 52 **Pr Sc S**
45 Orléans Cesam-SARL 02 38 53 12 20 **Pr Hc S**
49 Angers CFA de la CCI du Maine et Loire 02 41 20 53 60 **Consulaire A**
49 Angers ESPL 02 41 73 20 30 **Pr Hc S**
50 Cherbourg-Octeville Lycée T Hélye 02 33 78 14 24 **Pr Sc S**
54 Laxou CFA CCI 03 83 95 36 26 **Consulaire A**
54 Laxou Lycée du commerce et des affaires 03 83 95 36 13 **Consulaire S**
54 Nancy Lycée Georges de la Tour 03 83 96 48 98 **Public S**
56 Lorient Lycée Dupuy de Lôme 02 97 37 72 88 **Public S**
56 Pontivy Lycée J Loth 02 97 25 01 34 **Public S**
57 Metz Sup-Formation 03 87 39 70 65 **Pr Hc S**
59 Lille Cnam Nord - Pas de Calais 03 20 29 86 68 **Public A**
59 Lille Efficom 03 20 15 16 77 **Pr Hc S**
59 Lille Lycée G Berger 03 20 49 31 59 **Public S**
59 Roubaix Lycée J Moulin 03 20 81 99 20 **Public S**
62 Arras Lycée Gambetta Carnot 03 21 21 34 80 **Public S**
62 Saint-Omer Lycée St-Denis 03 21 12 24 00 **Pr Sc S**
63 Clermont-Ferrand Lycée A Brugière 04 73 24 64 16 **Public S**

Pr Hc : privé hors contrat
Pr Sc : privé sous contrat
A : statut apprenti
S : statut scolaire

BTS assurance (suite)

65 Tarbes Lycée M Curie
05 62 44 56 56 **Public** **A**
67 Schiltigheim Enass du Cnam
03 88 81 64 51 **Public** **A**
67 Strasbourg École commerciale
03 88 35 01 08 **Pr Sc** **S**
68 Saint-Louis CFA du lycée J Mermoz
03 89 70 22 70/71 **Public** **A**
68 Saint-Louis Lycée J Mermoz
03 89 70 22 70 **Public** **S**
69 Lyon Institut de formation de la profession de l'assurance
04 37 28 76 84 **Pr Hc** **A**
69 Rillieux-la-Pape Lycée A Camus
04 72 01 88 20 **Public** **S**
71 Mercurey CIFA 03 85 98 10 30 **Pr Sc** **A**
72 Le Mans Lycée Le Mans sud
02 43 86 24 16 **Public** **S**
73 Chambéry Ecoris Chambéry
04 79 69 28 17 **Pr Hc** **S**
75 Paris CFA IGS 01 80 97 47 00 **CFA privé** **A**
75 Paris ESA 01 47 00 17 26 **Pr Hc** **S** ou **A**
75 Paris Icoges 01 45 58 17 33/ 01 55 26 95 70 **Pr Hc** **S**
75 Paris LPO Jean Lurçat - Site de Patay
01 44 06 77 50 **Public** **S**
75 Paris Lycée Jacquard
01 44 84 40 00 **Public** **S** ou **A**
75 Paris MBS 01 45 35 28 28 **Pr Hc** **S**
76 Rouen Form'avenir
02 35 70 05 05 **Pr Hc** **S**
76 Rouen Lycée Sacré-Cœur
02 32 81 67 10 **Pr Sc** **S**
79 Niort CFA CMA 79
05 49 33 07 60 **Consulaire** **A**
79 Niort Lycée de la Venise Verte
05 49 32 48 00 **Public** **S**
80 Amiens Lycée É Gand
03 22 53 41 22 **Public** **S**
80 Doullens Lycée Montalembert
03 22 77 73 73 **Pr Sc** **A**
89 Toucy Lycée P Larousse
03 86 44 14 34 **Public** **S**
91 Athis-Mons Lycée St-Charles
01 60 48 71 00 **Pr Sc** **A**
92 Courbevoie Lycée P Lapie
01 41 88 03 70 **Public** **S**
92 Puteaux CFA de l'assurance
01 47 76 58 00 **CFA privé** **A**
94 Vincennes Lycée H Berlioz
01 43 28 32 82 **Public** **S**
971 Pointe-à-Pitre Institut de Management et de Marketing Supérieur de Commerce Caraïbes 0590 48 07 90 **Pr Hc** **S**
972 Fort-de-France Amep
05 96 79 50 23 **Pr Sc** **S**
973 Cayenne Lycée AM Javouhey
05 94 29 64 85 **Pr Sc** **S**
974 Sainte-Marie Lycée Le Verger
02 62 53 20 60 **Public** **S**
974 Saint-Pierre Greta Sud - Néotech 3
02 62 70 06 30 **Public** **S**
987 Papeete Lycée La Mennais
689 47 14 00 Pr Sc **S**

BANQUE, CONSEILLER DE CLIENTÈLE (PARTICULIERS)

02 Saint-Quentin IEG
03 23 62 27 66 **Pr Hc** **S**
02 Saint-Quentin Lycée Condorcet
03 23 08 44 44 **Public** **A**
06 Antibes Lycée J Audiberti
04 92 93 31 31 **Public** **S** ou **A**
06 Nice CFA des métiers de la banque et de la finance 04 97 07 20 10 **Consulaire** **A**
06 Nice Université de formation interprofessionnelle 04 93 19 41 21 **Pr Hc** **S**
08 Charleville-Mézières Lycée Monge
03 24 52 69 69 **Public** **A**
10 Troyes Lycée Ch de Troyes
03 25 71 53 00 **Public** **S** ou **A**
11 Narbonne Lycée L Michel
04 68 32 84 00 **Public** **A**
13 Marseille CFA des métiers de la banque et de la finance
04 91 42 08 82 **CFA privé** **A**
13 Marseille IFC Méditerranée
04 91 32 19 29 **Pr Hc** **S**
13 Marseille Lycée Ch Péguy
04 91 15 76 40 **Pr Sc** **S**
13 Marseille Lycée V Hugo
04 91 11 05 00 **Public** **S**
14 Caen Aftec 02 31 93 22 43 **Pr Hc** **S**
16 Cognac ICF-CFA CCI 05 45 36 32 80 **Consulaire** **A**
18 Bourges CFA interprofessionnel du Cher 02 48 23 53 73 **Consulaire** **A**
19 Brive-la-Gaillarde CFA Danton
05 55 87 89 97 **Public** **A**
21 Dijon Lycée Montchapet
03 80 53 29 29 **Public** **S** ou **A**
22 Tréguier Lycée J Savina
02 96 92 32 63 Public **S**
25 Besançon Lycée C N Ledoux
03 81 48 18 18 Public **S**
25 Besançon Lycée St-Jean
03 81 47 41 25 Pr Sc **A**
26 Valence Epseco
04 75 44 42 42 **Pr reconnu** **S**
28 Chartres Campus de la CCI d'Eure et Loir 02 37 84 28 28 **Consulaire** **A**
29 Landerneau Lycée St-Sébastien
02 98 85 12 55 **Pr Sc** **S**
29 Quimper Lycée le Likès
02 98 95 04 86 **Pr Sc** **A**
29 Quimper Sup'Iroise
02 98 53 72 91 **Pr Hc** **S**
30 Nîmes Lycée E Hemingway
04 66 04 93 73 **Public** **S** ou **A**
31 Colomiers Lycée ORT M Grynfogel
05 61 15 92 60 **Pr Hc** **S**
31 Labège CFA des métiers de la banque et de la finance 05 62 26 98 26 **CFA privé** **A**
31 Toulouse École Vidal
05 62 21 32 25 **Pr Hc** **S**
31 Toulouse Institut JJ Rousseau
05 61 63 10 12 **Pr Hc** **S**
31 Toulouse Lycée Issec Pigier
05 61 21 83 64 **Pr Sc** **S**
31 Toulouse Lycée R Naves
05 34 25 30 00 **Public** **S**
33 Bordeaux CFA des métiers de la banque et de la finance
05 57 87 46 60 **CFA privé** **A**
33 Lormont Lycée E Faure
05 56 38 23 23 **Public** **S** ou **A**
33 Mérignac Esarc Évolution
05 56 12 81 82 **Pr Hc** **S**
33 Mérignac Institut de formation pour l'emploi et l'entreprise (IF2E)
05 56 49 41 33 **Pr Hc** **S**
34 Castelnau-le-Lez Epicom
04 67 72 03 04 **Pr Hc** **S**
34 Jacou Idelca Business school
04 67 59 49 90 **Pr Hc** **S**
34 Montpellier CCI Sud Formation CFA Languedoc-Roussillon
04 99 51 35 00 **Public** **A**
34 Montpellier IFC Montpellier
04 67 65 50 85 **Pr Hc** **S**
35 Rennes CFA des métiers de la banque et de la finance - Aifab 02 99 22 37 80 **CFA privé** **A**
35 Rennes École Aftec de Rennes
02 99 86 11 00 **Pr Hc** **S**
37 Joué-les-Tours Lycée J Monnet
02 47 67 44 67 **Public** **S**
38 Gières ISF 04 76 03 74 00 **Pr Hc** **S**
38 Grenoble Lycée L Michel
04 38 12 36 00 **Public** **S**
42 Feurs Lycée du Forez
04 77 26 37 89 **Public** **S**
42 Saint-Étienne Institut pour la formation et le conseil
04 77 92 11 50 **Pr Hc** **S**
44 Nantes CFA Banques AIFA
02 40 48 79 00 **CFA privé** **A**
44 Nantes IMS 02 51 84 52 52 **Pr Sc** **S**

44 Nantes Lycée N Mandela
02 51 72 86 60 **Public S**
45 Orléans CFA des métiers
de la banque et de la finance
02 38 62 29 89 **CFA privé A**
45 Orléans CFSA 02 38 22 13 00
Pr reconnu A
49 Angers CFA des métiers
de la banque et de la finance
02 40 48 79 00 **Consulaire A**
49 Angers Icoges
02 41 25 35 15 **Pr Hc S**
50 Granville Lycée Sévigné
02 33 50 03 64 **Pr Sc S**
51 Reims Lycée Colbert
03 26 09 15 80 **Public A**
54 Ludres Formaction Institut
03 54 95 57 41 **Pr Hc S**
54 Lunéville Lycée E Bichat
03 83 76 04 04 **Public S**
54 Maxéville Sup-Formation
03 83 93 10 40 **Pr Hc S**
54 Nancy CFA des métiers de
la banque et de la finance
03 83 93 33 10 **CFA privé A**
56 Pontivy Lycée J Loth
02 97 25 01 34 **Public S**
57 Metz CFA R Schuman
03 87 76 40 36 **Public A**
57 Metz Sup-Formation
03 87 39 70 65 **Pr Hc S**
59 Lille Efficom 03 20 15 16 77 **Pr Hc S**
59 Lille Lycée G Berger
03 20 49 31 59 **Public S** ou **A**
59 Tourcoing EIC Lycée polyvalent
privé industriel et commercial
03 20 69 93 60 **Pr Sc S**
59 Valenciennes Lycée H Wallon
03 27 19 30 40 **Public S**
59 Villeneuve-d'Ascq CFA des métiers
de la banque et de la finance
03 20 14 97 61 **CFA privé A**
60 Nogent-sur-Oise CFA CCI
03 44 55 99 02 **Consulaire A**
61 Flers Lycée J Guéhenno
02 33 65 80 40 **Public A**
62 Calais Lycée S Berthelot
03 21 19 77 77 **Public S**
62 Saint-Omer Lycée St-Denis
03 21 12 24 00 **Pr Sc S**
63 Clermont-Ferrand Institut des
métiers 04 73 23 60 00 **Consulaire A**
63 Clermont-Ferrand Lycée A Brugière
04 73 24 64 16 **Public S**
64 Bayonne Epseco
05 59 55 89 55 **Pr Hc S**
65 Tarbes Lycée M Curie
05 62 44 56 56 Public **S**

66 Perpignan CCI Sud Formation
CFA Languedoc-Roussillon
04 68 56 62 20 **Public A**
67 Strasbourg CFA des métiers
de la banque et de la finance
03 88 22 77 54 **CFA privé A**
67 Strasbourg Estudia
03 88 23 77 99 **Pr Hc S**
69 Bron Lycée J P Sartre
04 72 14 60 60 **Public S**
69 Lyon Carrel École supérieure
des métiers de la vente
04 72 71 56 46 **Pr Hc S**
69 Lyon Centre de formation
de la profession bancaire
04 78 52 68 31 **Pr reconnu A**
69 Lyon Groupe Sciences U Lyon -
Crespa 04 26 29 01 01 **Pr Hc S**
69 Lyon Icoges 04 72 68 78 30 **Pr Hc S**
69 Lyon Lycée St-Marc
04 78 38 06 06 **Pr Sc S**
71 Mâcon Ma Prépa concours
03 85 37 75 27 **Pr Hc S**
73 Chambéry Ecoris Chambéry
04 79 69 28 17 **Pr Hc S**
74 Annecy IPAC 04 50 45 13 91 **Pr Hc S**
74 Annemasse Lycée des Glières
04 50 43 93 20 **Public S** ou **A**
75 Paris CFA des métiers de la banque
et de la finance 01 53 42 63 64 **CFA privé A**
75 Paris CFA Stephenson
01 44 92 88 88 **CFA privé A**
75 Paris Esup Paris 01 42 93 90 90
Pr Hc S
75 Paris ETS 01 44 29 23 60 **Pr Hc S**
75 Paris Icoges 01 45 58 17 33/01 55 26
95 70 **Pr Hc S**
75 Paris Lycée J Siegfried
01 45 26 50 95 **Public S**
75 Paris Lycée Passy St-Honoré
01 53 70 12 70 **Pr Sc S**
75 Paris Lycée Racine
01 45 22 11 51 **Public S**
75 Paris Lycée **S** Germain
01 44 54 81 54 **Public S**
76 Le Havre Lycée Porte Océane
02 35 21 30 08 **Public S**
76 Mont-Saint-Aignan CFA des métiers
de la banque et de la finance
02 35 14 62 67 **CFA privé A**
76 Rouen Form'avenir
02 35 70 05 05 **Pr Hc S**
77 Roissy-en-Brie Lycée C le Chauve
01 60 34 20 20 **Public S**
78 La Celle-Saint-Cloud Lycée P
Corneille 01 39 69 40 03 **Public S**
78 Sartrouville Lycée É Galois
01 30 86 72 72 **Public S**

80 Amiens Lycée É Gand
03 22 53 41 22 **Public S**
80 Amiens Lycée La Hotoie
03 22 22 47 47 **Public A**
83 La Garde Lycée du Coudon
04 94 08 65 00 **Public A**
83 Toulon Lycée Marie France
04 94 41 63 01 **Pr Sc S**
84 Avignon IFC Provence
04 90 14 15 90 **Pr Hc S**
86 Poitiers Lycée du Bois d'Amour
05 49 57 05 05 **Public S**
86 Poitiers maison de la formation
CFA CCIV 05 49 37 44 50 **Consulaire A**
91 Athis-Mons Lycée St-Charles
01 60 48 71 00 **Pr Sc S**
91 Évry CFA Faculté des métiers de
l'Essonne 01 60 79 74 00 **Consulaire A**
91 Massy Lycée Parc de Vilgénis
01 69 53 74 00 **Public S**
93 Le Raincy Lycée A Schweitzer
01 41 53 11 50 **Public S**
94 Cachan Lycée M Sorre
01 47 40 49 60 **Public S**
94 Saint-Maur-des-Fossés
Lycée Teilhard de Chardin
01 48 89 66 66 **Pr Sc S**
95 Deuil-la-Barre Lycée C St-Saëns
01 34 28 64 00 **Public S**
95 Villiers-le-Bel Lycée ORT
01 39 87 71 40 **Pr Sc S**
971 Les Abymes CFA de l'académie
de la Guadeloupe 05 90 20 26 27
Public A
972 Fort-de-France LP Dillon
05 96 71 85 00 **Public S**
972 Le Lamentin Institut de la fonction
commerciale 05 96 51 86 66 **Pr Hc S**
973 Matoury CFA CCIRG
0594 29 96 80 **Consulaire A**
974 Sainte-Marie Lycée Le Verger
02 62 53 20 60 **Public S**
974 Saint-Pierre Greta Sud - Néotech 3
02 62 70 06 30 **Public S**
976 M tsamboro Lycée de la Cité
du Nord 0269 62 14 88 **Public S**
987 Taravao Lycée de Taiarapu -
Nui 689 54 71 71 ou 54 **71 73 Public S**

Pr Hc : privé hors contrat
Pr Sc : privé sous contrat
A : statut apprenti
S : statut scolaire

DUT

Liste des diplômes universitaires de technologie (DUT) pouvant mener aux métiers de la banque et de l'assurance. Les établissements de formation sont classés par départements avec leurs statuts (public, privé sous contrat/hors contrat, consulaire). Les formations en apprentissage sont signalées par un **A**. Celles portant la mention **AS** pour année spéciale se déroulent en 1 an au lieu de 2 (dispositif réservé aux étudiants ayant déjà validé 2 années dans l'enseignement supérieur).

CARRIÈRES JURIDIQUES

02 Cuffies IUT de l'Aisne 03 23 76 40 20 **S**
02 Laon IUT de l'Aisne 03 23 26 01 48 **S**
10 Troyes IUT 03 25 42 46 46 **S**
11 Narbonne IUT de Perpignan 04 68 90 91 01 **S AS**
12 Rodez IUT 05 65 77 10 80 **S**
33 Bordeaux IUT de Bordeaux 05 56 00 95 56 **A**
35 Saint-Malo IUT 02 99 21 95 00 **S**
38 Grenoble IUT 2 04 76 28 45 09 **S**
59 Roubaix IUT C 03 28 33 36 20 **S**
68 Colmar IUT 03 89 20 23 58 **S** ou **A**
69 Lyon IUT J Moulin 04 81 65 26 00 **S**
76 Rouen IUT 02 35 14 60 14 **S**
93 Villetaneuse IUT de Villetaneuse **S** ou **A**

GESTION ADMINISTRATIVE ET COMMERCIALE DES ORGANISATIONS

04 Digne-les-Bains IUT de Provence 04 13 55 12 55 **S**
08 Charleville-Mézières IUT 03 24 59 75 40 **S**
21 Dijon IUT 03 80 39 65 95 **S**
25 Montbéliard IUT 03 81 99 46 28 **S** ou **A**
29 Morlaix IUT de Brest - Site de Morlaix 02 98 15 10 36 **S**
42 Saint-Étienne IUT Saint-Étienne 04 77 46 33 00 **S AS**
47 Agen IUT de Bordeaux 05 56 84 57 21 **S**
57 Sarreguemines IUT de Moselle-Est 0387989400 ou 0387989408 **S** ou **A**
62 Longuenesse IUT du Littoral 03 21 38 87 00 **S**
69 Lyon IUT J Moulin 04 81 65 26 00 **S**
73 Le Bourget-du-Lac IUT de Chambéry 04 79 75 81 80 **S**
78 Rambouillet IUT de Vélizy (site Rambouillet) 01 30 46 58 20 **S** ou **A**
93 Montreuil IUT de Montreuil 01 48 70 37 00 **S** ou **A**

GESTION DES ENTREPRISES ET DES ADMINISTRATIONS

Opt 1 : gestion comptable et financière
Opt 2 : gestion et management des organisations
Opt 3 : gestion des ressources humaines

01 Bourg-en-Bresse IUT Lyon 1 04 74 45 50 50 **opt 1 : S** ou **A**, **opt 2 : S** ou **A**
05 Gap IUT d'Aix-en-Provence 04 92 53 78 27 **opt 1 : S**, **opt 2 : S**
06 Nice IUT 04 97 25 82 00 **opt 1 : S** ou **A**, **opt 2 : S** ou **A**, **opt 3 : S**
10 Troyes IUT 03 25 42 46 46 **opt 1 : S**, **opt 2 : S**, **opt 3 : S**
12 Rodez IUT 05 65 77 10 80 **opt 1 : S**, **opt 2 : S**, **opt 3 : S**
13 Aix-en-Provence IUT 04 42 93 90 00 **opt 1 : S** ou **A AS**, **opt 3 : S** ou **A AS**
13 Marseille IUT 04 91 28 93 00 **opt 1 : S**, **opt 2 : S**
14 Caen IUT 02 31 56 70 00 **opt 1 : S**, **opt 2 : S**, **opt 3 : S**
15 Aurillac IUT de Clermont-Ferrand - Aubière 04 71 45 57 50 **opt 1 : S**, **opt 2 : S**, **opt 3 : S**
18 Bourges IUT 02 48 23 82 42 **opt 1 : S** ou **A**, **opt 2 : S** ou **A AS**, **opt 3 : S** ou **A AS**
19 Brive-la-Gaillarde IUT 05 55 86 73 06 **opt 1 : S**, **opt 2 : S**, **opt 3 : S**
20B Corte IUT 04 95 61 16 52 **opt 1 : S** ou **A**, **opt 2 : S** ou **A**
21 Dijon IUT 03 80 39 65 95 **opt 1 : S** ou **A AS**, **opt 2 : S**, **opt 3 : S**
25 Besançon IUT 03 81 66 68 21 (ou 22) **opt 1 : S**, **opt 2 : S**, **opt 3 : S**
26 Valence IUT 04 75 41 88 00 **opt 1 : S**, **opt 2 : S AS**, **opt 3 : S**
27 Évreux IUT 02 32 29 15 03 **opt 1 : S AS**, **opt 2 : S AS**, **opt 3 : S AS**
29 Brest IUT 02 98 01 60 50 **opt 1 : S**, **opt 2 : S**
29 Quimper IUT 02 98 90 02 27 **opt 1 : S**, **opt 2 : S**, **opt 3 : S**
30 Nîmes IUT de Nîmes 04 66 62 85 00 **opt 2 : S** ou **A**
31 Toulouse IUT **A** Paul Sabatier 05 62 25 80 30 **opt 1 : S**, **opt 2 : S AS**, **opt 3 : S**
32 Auch IUT 05 62 61 63 00 **opt 1 : S**, **opt 2 : S**
33 Bordeaux IUT de Bordeaux 05 56 00 95 56 **opt 1 : S** ou **A AS**, **opt 2 : S**
34 Montpellier IUT 04 99 58 50 40 **opt 1 : S** ou **A**, **opt 2 : S**, **opt 3 : S**
35 Rennes IUT 02 23 23 40 00 **opt 1 : S**, **opt 2 : S AS**, **opt 3 : S**
35 Saint-Malo IUT 02 99 21 95 00 **opt 1 : S**, **opt 2 : S**
36 Châteauroux IUT 02 54 08 25 50 **opt 1 : S** ou **A**, **opt 3 : S**
37 Tours IUT 02 47 36 75 81 **opt 1 : S AS**, **opt 2 : S**, **opt 3 : S** ou **A**
38 Grenoble IUT 2 04 76 28 45 09 **opt 1 : S**, **opt 2 : S**, **opt 3 : S**
38 Vienne IUT 2 04 74 31 53 58 **opt 1 : S**, **opt 2 : S**
42 Roanne IUT 04 77 44 89 00 **opt 1 : S**, **opt 2 : S**
42 Saint-Étienne IUT Saint-Étienne 04 77 46 33 00 **opt 1 : S**, **opt 2 : S**, **opt 3 : S**
44 Nantes IUT 02 40 30 60 90 **opt 1 : S**, **opt 2 : S**, **opt 3 : S AS**
45 Orléans IUT 02 38 49 44 96-97 **opt 1 : S** ou **A AS**, **opt 2 : S**, **opt 3 : S**
49 Angers IUT 02 44 68 87 00 **opt 1 : S**, **opt 2 : S**, **opt 3 : S**
50 Cherbourg-Octeville IUT de Cherbourg 02 33 01 45 00 **opt 1 : S**, **opt 2 : S**, **opt 3 : S**
51 Reims IUT L de Reims Châlons Charleville 03 26 91 30 71 **opt 1 : S**, **opt 2 : S** ou **A AS**, **opt 3 : S**
54 Cosnes-et-Romain IUT H Poincaré 03 82 39 62 00 **opt 1 : S**, **opt 2 : S** ou **A AS**
54 Nancy IUT Nancy-Charlemagne 03 54 50 38 00 **opt 1 : S AS**, **opt 2 : S**
56 Vannes IUT 02 97 62 64 64 **opt 1 : S**, **opt 2 : S**, **opt 3 : S**
57 Metz IUT 03 87 31 31 52 **opt 1 : S**, **opt 2 : S**, **opt 3 : S**
59 Valenciennes IUT de Valenciennes 03 27 51 12 52 **opt 1 : S**, **opt 2 : S** ou **A AS**, **opt 3 : S**
59 Villeneuve-d'Ascq IUT **A** 03 59 63 21 00 ou 04 **opt 1 : S** ou **A**, **opt 2 : S**, **opt 3 : S** ou **A**
60 Beauvais IUT de l'Oise 03 44 06 88 62 **opt 1 : S**, **opt 2 : S**, **opt 3 : S**
62 Calais IUT de Calais 03 21 19 06 00 **opt 1 : S**, **opt 3 : S**

62 Lens IUT de Lens 03 21 79 32 32 ou 03 21 79 32 34 **opt 1 : S, opt 2 : S, opt 3 : S** ou **A**
63 Aubière IUT de Clermont-Ferrand - Aubière 04 73 17 70 01 **opt 1 : S, opt 2 : S AS**
64 Bayonne IUT de Bayonne, Pays Basque - Site de Bayonne 05 59 57 43 03 **opt 1 : S, opt 2 : S**
65 Tarbes IUT Toulouse III 05 62 44 42 00 **opt 1 : S, opt 2 : S**
66 Perpignan IUT 04 68 66 24 04 **opt 1 : S, opt 2 : S, opt 3 : S**
67 Schiltigheim IUT L Pasteur 03 68 85 25 72 **opt 1 : S, opt 2 : S**
68 Mulhouse IUT de Mulhouse 03 89 33 74 00 **opt 1 : S** ou **A, opt 2 : S, opt 3 : S** ou **A**
69 Bron IUT Lumière 04 78 77 24 50 **opt 1: S** ou **A, opt 2 : S** ou **A, opt 3 : S** ou **A**
69 Villeurbanne IUT Lyon 1 (site La Doua) 04 72 69 20 00 **opt 1 : S AS, opt 2 : S AS, opt 3 : S AS**
72 Le Mans IUT du Mans 02 43 83 34 11 **opt 1 : S, opt 2 : S, opt 3 : S**
74 Annecy-le-Vieux IUT 04 50 09 22 22 **opt 1 : S, opt 2 : S**
75 Paris IUT Paris 5 01 42 86 47 23/22/24 **opt 1 : S** ou **A, opt 2 : S**
76 Le Havre IUT 02 32 74 46 00 **opt 1 : S AS, opt 2 : S, opt 3 : S AS**
77 Fontainebleau IUT de Seine et Marne Sud (site Fontainebleau) 01 60 74 68 00 **opt 1 : S** ou **A, opt 2 : S** ou **A, opt 3 : S**
77 Lieusaint IUT de Seine et Marne Sud (site Sénart) 01 64 13 44 88 **opt 1 : S** ou **A, opt 2 : S** ou **A, opt 3 : S** ou **A**
77 Meaux IUT de Marne-la-Vallée 01 64 36 44 10 **opt 1 : S, opt 2 : S, opt 3 : S**
78 Mantes-la-Jolie IUT de Mantes en Yvelines 01 30 98 13 62 **opt 1 : S, opt 3 : S**
79 Niort IUT 05 49 79 99 00 **opt 1 : S, opt 2 : S**
80 Amiens IUT 03 22 53 40 40 **opt 1 : S AS, opt 2 : S, opt 3 : S AS**
83 Draguignan IUT de Toulon 04 94 60 63 70 **opt 1 : S, opt 2 : S**
83 La Garde IUT de Toulon Site de La Garde 04 94 14 22 08 **opt 1 : S, opt 2 : S**
85 La Roche-sur-Yon IUT 02 51 47 84 40 **opt 1 : S, opt 2 : S**
86 Poitiers IUT 05 49 45 34 00 **opt 1 : S AS, opt 2 : S AS, opt 3 : S AS**
87 Limoges IUT 05 55 43 43 55 **opt 1 : S** ou **A, opt 2 : S** ou **A, opt 3 : S** ou **A**
91 Brétigny-sur-Orge IUT d'Évry (site Brétigny - GEA) 01 69 47 79 13 **opt 1 : S** ou **A, opt 2 : S** ou **A, opt 3 : S** ou **A**
92 Nanterre IUT de Ville d'Avray (Nanterre) 01 40 97 98 27 **opt 1 : S**
92 Sceaux IUT de Sceaux 01 40 91 24 99 **opt 1 : S** ou **A, opt 2 : S, opt 3 : S** ou **A**
93 Bobigny IUT de Bobigny 01 48 38 88 10 **opt 1 : S** ou **A, opt 2 : S** ou **A, opt 3 : S**
93 Saint-Denis IUT de St-Denis 01 49 40 61 00 **opt 1 : S** ou **A AS, opt 2 : S, opt 3 : S** ou **A AS**
93 Tremblay-en-France IUT de Tremblay 01 41 51 12 22 **opt 2 : S, opt 3 : S**
93 Villetaneuse IUT de Villetaneuse **opt 1 : S** ou **A, opt 2 : S, opt 3 : S** ou **A**
971 Saint-Claude IUT de Guadeloupe 05 90 48 34 82 **opt 2 : S**
972 Fort-de-France CFA Tertiaire de la CCI de Martinique 05 96 61 61 32 **opt 2 : A**
972 Schoelcher IUT - Pôle Martinique 05 96 72 73 65 **opt 2 : A**
974 Saint-Pierre IUT de St-Pierre 02 62 96 28 70 **opt 1 : S, opt 2 : S**
988 Nouméa IUT de Nouvelle-Calédonie 687 29 02 90 opt 1 : **S**

STATISTIQUE ET INFORMATIQUE DÉCISIONNELLE

06 Valbonne IUT de Nice 04 93 95 51 00 **S**
11 Carcassonne IUT de Perpignan 04 68 47 71 60 **S AS**
14 Lisieux IUT antenne de Lisieux 02 31 48 44 00 **S**
38 Grenoble IUT 2 04 76 28 45 09 **S AS**
56 Vannes IUT 02 97 62 64 64 **S**
57 Metz IUT 03 87 31 31 52 **S** ou **A**
59 Roubaix IUT C 03 28 33 36 20 **S** ou **A**
64 Pau IUT des Pays de l'Adour - Site de Pau 05 59 40 71 20 **S**
69 Bron IUT Lumière 04 78 77 24 50 **S** ou **A**
75 Paris IUT Paris 5 01 42 86 47 23/22/24 **S** ou **A AS**
79 Niort IUT 05 49 79 99 00 **S**
84 Avignon IUT 04 90 84 14 00 **S**

TECHNIQUES DE COMMERCIALISATION

02 Laon IUT de l'Aisne 03 23 26 01 48 **S** ou **A**
03 Montluçon IUT d'Allier 04 70 02 20 00 **S**
03 Moulins IUT d'Allier - Moulins 04 70 46 86 10 **S**
06 Cannes IUT de Nice 04 93 90 53 50 **S** ou **A**
06 Nice IUT 04 97 25 82 00 **S** ou **A**
08 Charleville-Mézières IUT 03 24 59 75 40 **S** ou **A**
10 Troyes IUT 03 25 42 46 46 **S** ou **A**
11 Carassonne IUT de Perpignan 04 68 47 71 60 **S**
13 Aix-en-Provence IUT 04 42 93 90 00 **S** ou **A**
13 Marseille IUT 04 91 28 93 00 **S**
14 Caen IUT 02 31 56 70 00 **S**
14 Lisieux IUT antenne de Lisieux 02 31 48 44 00 **S**
16 Angoulême IUT 05 45 67 32 07 **S**
17 La Rochelle IUT 05 46 51 39 00 **S AS**
20B Corte IUT 04 95 61 16 52 **S** ou **A**
22 Saint-Brieuc IUT 02 96 60 96 60 **S**
24 Périgueux IUT de Bordeaux 05 53 02 58 58 **S** ou **A**
26 Valence IUT 04 75 41 88 00 **S AS**
27 Évreux IUT 02 32 29 15 03 **S**
29 Quimper IUT 02 98 90 02 27 **S** ou **A AS**
31 Toulouse IUT A Paul Sabatier 05 62 25 80 30 **S**
33 Bordeaux IUT de Bordeaux 05 56 00 95 56 **S** ou **A AS**
34 Béziers IUT de Béziers 04 67 11 60 00 **S** ou **A**
34 Montpellier IUT 04 99 58 50 40 **S** ou **A AS**
36 Issoudun IUT 02 54 03 59 03 **S** ou **A**
37 Tours IUT 02 47 36 75 81 **S** ou **A**
38 Grenoble IUT 2 04 76 28 45 09 **S AS**
42 Roanne IUT 04 77 44 89 00 **S**
42 Saint-Étienne IUT Saint-Étienne 04 77 46 33 00 **S**
44 Saint-Nazaire IUT 02 40 17 81 59 **S** ou **A AS**
46 Figeac IUT de Figeac 05 65 50 30 60 **S** ou **A**
49 Angers IUT 02 44 68 87 00 **S** ou **A**
50 Cherbourg-Octeville IUT de Cherbourg 02 33 01 45 00 **S**
51 Châlons-en-Champagne CFA interprofessionnel de la Marne 03 26 69 25 85 **A**
51 Reims IUT L de Reims Châlons Charleville 03 26 91 30 71 **S** ou **A AS**
53 Laval IUT 02 43 59 49 01 **S**
54 Nancy IUT Nancy-Charlemagne 03 54 50 38 00 **S** ou **A**
56 Vannes IUT 02 97 62 64 64 **S**
57 Metz IUT 03 87 31 31 52 **S** ou **A AS**
57 Yutz IUT de Thionville 03 82 82 06 00 **S**

Pr Hc : privé hors contrat
Pr Sc : privé sous contrat
A : statut apprenti
S : statut scolaire

DUT techniques de commercialisation (suite)

59 Cambrai IUT de Valenciennes, campus de Cambrai 03 27 72 33 30 S ou A
59 Dunkerque IUT du Littoral 03 28 23 70 00 S ou A
59 Roubaix IUT C 03 28 33 36 20 S ou A
59 Valenciennes IUT de Valenciennes 03 27 51 12 52 S ou A AS
60 Beauvais IUT de l'Oise 03 44 06 88 62 S ou A
60 Creil IUT de l'Oise 03 44 64 46 46 S
62 Lens IUT de Lens 03 21 79 32 32 ou 03 21 79 32 34 S ou A
64 Bayonne IUT de Bayonne, Pays Basque - Site de Bayonne 05 59 57 43 03 S
65 Tarbes IUT Toulouse III 05 62 44 42 00 S
67 Illkirch-Graffenstaden IUT R Schuman 03 68 85 89 10 S
68 Colmar IUT 03 89 20 23 58 S ou A
69 Villeurbanne IUT Lyon 1 (site Gratte-ciel) 04 72 65 53 53 S AS
71 Le Creusot IUT Le Creusot 03 85 73 10 10 S AS
73 Le Bourget-du-Lac Cesni 04 79 25 32 54 S
74 Annecy-le-Vieux IUT 04 50 09 22 22 S
75 Paris IUT Paris 5 01 42 86 47 23/22/24 S ou A
76 Le Havre IUT 02 32 74 46 00 S
76 Rouen IUT 02 35 14 60 14 S ou A
77 Champs-sur-Marne IUT de Marne-La-Vallée 01 60 95 85 85 A
77 Fontainebleau IUT de Seine et Marne Sud (site Fontainebleau) 01 60 74 68 00 S
77 Lieusaint IUT de Seine et Marne Sud (site Sénart) 01 64 13 44 88 S ou A
77 Meaux IUT de Marne-la-Vallée 01 64 36 44 10 S
78 Mantes-la-Jolie IUT de Mantes en Yvelines 01 30 98 13 62 S ou A
78 Rambouillet IUT de Vélizy (site Rambouillet) 01 30 46 58 20 S ou A
80 Amiens IUT 03 22 53 40 40 S ou A AS
81 Castres IUT P Sabatier 05 63 62 11 50 S ou A
83 La Garde IUT de Toulon Site de La Garde 04 94 14 22 08 S ou A
84 Avignon IUT 04 90 84 14 00 S ou A
86 Châtellerault IUT 05 49 02 52 22 S ou A
87 Limoges IUT 05 55 43 43 55 S ou A AS
88 Épinal IUT d'Épinal 03 54 50 48 00 S
89 Auxerre IUT 03 80 39 65 95 S ou A
90 Belfort IUT 03 84 58 77 12 S
91 Évry IUT site Romero 01 69 47 73 67 S ou A
91 Juvisy-sur-Orge IUT d'Évry (site Juvisy-sur-Orge) 01 69 56 56 29 S ou A
92 Sceaux IUT de Sceaux 01 40 91 24 99 S ou A AS
93 Saint-Denis IUT de St-Denis 01 49 40 61 00 S ou A AS
94 Créteil IUT 01 45 17 17 01 S ou A
95 Cergy IUT site Saint-Martin 01 34 25 75 46 S ou A AS
95 Sarcelles IUT de Cergy (site Sarcelles) 01 34 38 26 00 S
971 Pointe-à-Pitre Institut de Management et de Marketing Supérieur de Commerce Caraïbes 0590 48 07 90 S
972 Fort-de-France CFA Tertiaire de la CCI de Martinique 05 96 61 61 32 A
972 Schoelcher IUT - Pôle Martinique 05 96 72 73 65 A
973 Cayenne IESG S

LICENCES PRO

Liste des licences professionnelles proposant une spécialisation en lien avec la banque, la finance et l'assurance. Pour chacune est indiqué l'établissement qui y prépare (en rouge), suivi de la commune (en noir). Les formations en apprentissage sont signalées par un A. Pour compléter votre information sur toutes les spécialisations possibles, consultez notre site www.onisep.fr.

■ Assurance banque finance spécialité(s) :

- assurance : CFA CCI Laxou A Enass du Cnam Schiltigheim A
- assurance et gestion de patrimoine : Lycée des Glières Annemasse A Univ. de Savoie Annecy-le-Vieux A
- assurance gestion des sinistres : Univ. d'Amiens Laon
- assurances : Univ. de Rouen Rouen
- back-office métiers titres : Univ. de Lorraine Metz
- banque : CFA des métiers de la banque et de la finance Labège A Univ. d'Aix-Marseille Marseille Univ. de Corse P. Paoli Corte A Univ. de Rouen Rouen A
- banque assurance : Univ. de Poitiers Niort A
- banque assurance finance (échanges et gestion) : CFA des métiers de la banque et de la finance Nice A Univ. de Nice Nice A
- banque fiscalité vente de produits financiers gestion de patrimoine : Univ. Lyon 2 - Lumière Lyon A
- chargé de clientèle : CFA Difcam banque et assurance Albi A Champollion Albi A Univ. Toulouse 1 Capitole Rodez Toulouse A Univ. Toulouse 3 P. Sabatier Toulouse
- chargé de clientèle bancassurance - marché des particuliers : Univ. de Bourgogne Dijon Univ. de Franche-Comté Besançon
- chargé de clientèle de particuliers en banque assurances : Institut supérieur de l'enseignement privé de Polynésie Papeete UCO d'Angers Laval A Univ. du Maine Le Mans
- chargé de clientèle en assurance : Ilfa Libourne A
- chargé de clientèle particuliers : CFA des métiers de la banque et de la finance Angers A CFA Difcam banque et assurance Albi A Univ. d'Angers Angers Univ. de Nantes La Roche-sur-Yon A Univ. de Strasbourg Strasbourg A Univ. Rennes 1 Rennes A
- chargé de clientèle professionnelle : CFA Difcam banque et assurance Ustaritz A Univ. de Pau Bayonne A
- commerce en banque-assurance : Univ. Lyon 3 - J. Moulin Lyon A
- commercialisation de produits et services financiers : Univ. de Savoie Annecy-le-Vieux A
- commercialisation des produits bancaires et d'assurance : Univ. du Maine Le Mans
- commercialisation des produits et services financiers : Univ. de Reims Reims A Troyes A
- conseiller - gestionnaire de clientèle : Univ. de Caen Caen A Univ. d'Orléans Orléans A
- conseiller clientèle particuliers : Lycée Le Rebours Paris Univ. Paris Ouest La Défense Nanterre A
- conseiller commercial assurance : CFA CCI Nantes St-Nazaire - Accipio Nantes A CFA de la CCI du Maine et Loire Angers A Univ. de Nantes Nantes A
- conseiller de clientèle particuliers : Univ. de Bordeaux Pessac A

• conseiller gestionnaire de clientèle sur le marché des particuliers : CFA Banques AIFA Nantes A CFA des métiers de la banque et de la finance Orléans A Univ. d'Amiens Amiens A Univ. de Nantes Nantes A Univ. de Tours Tours A
• conseiller souscripteur gestionnaire en assurance : Cnam-Enass Paris A Institut de formation de la profession de l'assurance Lyon A
• conseils en assurances et services financiers : Univ. de Haute-Alsace Colmar A
• gestion d'actifs financiers back et middle offices : Univ. Paris Ouest La Défense Nanterre A
• gestion des opérations de marchés financiers : Univ. Lyon 2 - Lumière Bron A
• gestion du patrimoine immobilier : Univ. de Bordeaux Agen
• gestion juridique des contrats d'assurance : Univ. Panthéon-Assas Paris A
• gestion patrimoniale et immobilière : IUT 2 Grenoble A
• management financier et marketing des services : IAE Saint-Martin-d'Hères A IUT Valence A
• marché des particuliers : Univ. de Lorraine Nancy A
• métiers de l' (e)assurance et des services associés : Univ. Paris Ouest La Défense Nanterre A
• métiers de la retraite et de la prévoyance : Univ. d'Angers Angers A
• métiers de l'assurance : Univ. de Bordeaux Pessac
• métiers de l'assurance et de l'assistance : Univ. du Maine Le Mans A
• vente d'assurances de personnes : Univ. de Caen Lisieux

■ Assurance banque finance : chargé de clientèle spécialité(s) :
• Formasup - CFA du Supérieur - ASSIFA Villeneuve-d'Ascq A Lycée A Camus Nîmes Univ. d'Avignon Avignon Univ. de Bretagne occidentale Brest A Quimper A Univ. de Lille 1 Villeneuve-d'Ascq Univ. de Lille 2 Lille A Univ. de Montpellier Montpellier A Univ. de Nîmes Nîmes Univ. de Perpignan Perpignan Univ. de Toulon La Garde A Univ. de Valenciennes Valenciennes Univ. de Versailles St-Quentin Guyancourt A Univ. d'Évry Brétigny-sur-Orge Évry Univ. du Littoral Dunkerque A Univ. Paris 13 Saint-Denis A Villetaneuse A Univ. Paris Descartes Paris A Univ. Paris-Est Meaux A Univ. Paris-Est Créteil Créteil A Lieusaint Univ. Paris-Sud Sceaux A Univ. Toulouse 3 P. Sabatier Toulouse A

■ Assurance banque finance : supports opérationnels spécialité(s) :
• Univ. Paris 13 Bobigny A Univ. Paris Descartes Paris

■ Commerce spécialité(s) :
• commercialisation de produits et services financiers : Univ. de Lorraine Metz A Yutz
• gestionnaire de biens immobiliers : ISFAC La Rochelle A L'Isle-d'Espagnac A Niort A Poitiers A Univ. de La Rochelle La Rochelle A

LICENCES

Liste des licences pouvant mener à la banque, à la finance ou à l'assurance. Pour chacune sont indiqués les établissements qui y préparent (en rouge), et la commune (en noir).

■ Économie :
• Faculté libre d'éco, de droit et de gestion Paris ; Univ. d'Auvergne Clermont-Ferrand ; Univ. de Bourgogne Dijon ; Univ. de Cergy Cergy ; Univ. de Limoges Limoges ; Univ. de Lorraine Metz ; Univ. de Lorraine Nancy ; Univ. de Montpellier Montpellier ; Univ. de Rouen Rouen ; Univ. de Toulon Toulon ; Univ. de Tours Tours ; Univ. Panthéon-Sorbonne Paris ; Univ. Paris Diderot Paris ; Univ. Toulouse 1 Capitole Toulouse

■ Économie et gestion :
• IAE Grenoble Saint-Martin-d'Hères ; IAE Valence ; Cnam Amiens A ; Institut catholique de Lille Lille ; Institut de management et de marketing supérieur de commerce Caraïbes Pointe-à-Pitre ; Lycée F Faure Beauvais A ; UCO d'Angers Angers ; UCO d'Angers Guingamp ; Univ. d'Aix-Marseille Aix-en-Provence ; Univ. d'Aix-Marseille Marseille ; Univ. d'Amiens Amiens ; Univ. d'Angers Angers ; Univ. d'Artois Arras ; Univ. d'Évry Évry S ou A ; Univ. d'Orléans Châteauroux ; Univ. d'Orléans Orléans ; Univ. de Bordeaux Pessac ; Univ. de Bretagne occidentale Brest ; Univ. de Bretagne-Sud Vannes ; Univ. de Caen Caen ; Univ. de Corse P. Paoli Corte ; Univ. de Franche-Comté Besançon ; Univ. de La Réunion Saint-Denis ; Univ. de Lille 1 Villeneuve-d'Ascq ; Univ. de Lille 3 Villeneuve-d'Ascq ; Univ. de Nantes Nantes ; Univ. de Nice Nice ; Univ. de Nouvelle-Calédonie Nouméa ; Univ. de Pau Bayonne ; Univ. de Pau Pau ; Univ. de Perpignan Mende ; Univ. de Perpignan Perpignan ; Univ. de Poitiers Niort ; Univ. de Poitiers Poitiers ; Univ. de Polynésie Française Faaa ; Univ. de Reims Reims ; Univ. de Saint-Étienne Saint-Étienne ; Univ. des Antilles Pointe-à-Pitre ; Univ. des Antilles Schoelcher ; Univ. de Savoie Annecy-le-Vieux ; Univ. de Savoie Chambéry ; Univ. de Strasbourg Strasbourg ; Univ. de Versailles St-Quentin Guyancourt ; Univ. du Havre Le Havre S ou A ; Univ. du Littoral Boulogne-sur-Mer ; Univ. du Littoral Dunkerque ; Univ. du Maine Le Mans ; Univ.Grenoble Valence, Univ. Lyon 1 - C. Bernard Villeurbanne ; Univ. Lyon 2 - Lumière Lyon ; Univ. Lyon 3 - J. Moulin Bourg-en-Bresse ; Univ. Lyon 3 - J. Moulin Lyon ; Univ. Panthéon-Assas Melun ; Univ. Panthéon-Assas Paris ; Univ. Paris 13 Villetaneuse ; Univ. Paris 8 Saint-Denis ; Univ. Paris Descartes Malakoff ; Univ. Paris Descartes Paris S ou A ; Univ. Paris-Est Champs-sur-Marne S ou A ; Univ. Paris-Est Serris S ou A ; Univ. Paris-Est Créteil Créteil S ou A ; Univ. Paris Ouest La Défense Nanterre S ou A ; Univ. Paris-Sud Sceaux ; Univ. Rennes 1 Rennes

■ Gestion :
• CFA Tertiaire de la CCI de Martinique Fort-de-France A ; CFSA Orléans A ; Cnam Amiens A ; Cnam Hérouville-Saint-Clair ; Cnam Paris A ; Cnam Saint-Denis A ; Cned Futuroscope ; Conservatoire national des arts et métiers Franche-Comté Belfort A ; École Vaucanson du Cnam Angoulême A ; Institut Marc Perrot Lyon ; Lycée F Faure Beauvais A ; Lycée G Berger Lille ; Univ. d'Aix-Marseille Aix-en-Provence ; Univ. d'Aix-Marseille Arles ; Univ. d'Aix-Marseille Gap ; Univ. d'Aix-Marseille Marseille ; Univ. d'Amiens Amiens ; Univ. d'Auvergne Clermont-Ferrand ; Univ. d'Orléans Orléans ; Univ. de Bordeaux Bordeaux ; Univ. de Bourgogne Dijon ; Univ. de Cergy Cergy ; Univ. de Haute-Alsace Colmar ; Univ. de Haute-Alsace Mulhouse ; Univ.

Pr Hc : privé hors contrat
Pr Sc : privé sous contrat
A : statut apprenti
S : statut scolaire

de La Rochelle La Rochelle ; Univ. de Lille 1 Lille S ou A ; Univ. de Lille 2 Lille ; Univ. de Lille 2 Roubaix ; Univ. de Limoges Limoges ; Univ. de Lorraine Metz ; Univ. de Lorraine Nancy ; Univ. de Montpellier Albaret-Sainte-Marie ; Univ. de Montpellier Montpellier S ou A ; Univ. de Nice Nice ; Univ. de Rouen Rouen ; Univ. de Saint-Étienne Roanne ; Univ. de Saint-Étienne Saint-Étienne ; Univ. de Toulon Toulon ; Univ. de Tours Tours ; Univ. de Valenciennes Valenciennes S ou A ; Univ. de Versailles St-Quentin Guyancourt ; Univ. Lyon 3 - J. Moulin Lyon ; Univ. Panthéon-Sorbonne Paris ; Univ. Rennes 1 Rennes ; Univ. Toulouse 1 Capitole Rodez ; Univ. Toulouse 1 Capitole Toulouse ; Univ. Toulouse 3 P. Sabatier Tarbes

■ **Droit :**

• Institut catholique d'études supérieures La Roche-Sur-Yon ; Institut catholique de Paris Paris ; Univ. Bretagne-Sud Vannes ; Univ. catholique de Lille Lille ; Univ. de Nîmes Nîmes ; Univ. de Poitiers Niort ; Univ. Grenoble Alpes Valence ; Univ. Paris Descartes Malakoff ; Univ. Paris Ouest Nanterre La Défense Nanterre ; Univ. Rennes 1 Rennes ; Univ. Toulouse I Capitole Toulouse

■ **Mathématiques :**

• Institut catholique d'études supérieures La Roche-Sur-Yon ; Univ. Claude Bernard - Lyon 1 Villeurbanne ; Univ. Claude Bernard - Lyon 1 Lyon ; Univ. d'Angers Angers ; Univ. d'Évry-Val-d'Essonne Évry ; Univ. d'Orléans Orléans ; Univ. de Bordeaux Talence ; Univ. de Bourgogne Franche-Comté Besançon ; Univ. de La Rochelle La Rochelle ; Univ. de Lorraine Metz ; Univ. de Lorraine Vandœuvre-Lès-Nancy ; Univ. de Limoges Limoges ; Univ. de Nantes Nantes ; Univ. de Reims Champagne-Ardenne Reims ; Univ. de Rouen Saint-Étienne Du Rouvray ; Univ. de Strasbourg Strasbourg ; Univ. du Havre Le Havre ; Univ. du Maine Le Mans ; Univ. Nice - Sophia Antipolis Nice ; Univ. Paris Descartes Paris ; Univ. Paris Diderot Paris ; Univ. Paris 13 Villetaneuse ; Univ. Savoie Mont Blanc Le Bourget Du Lac

■ **Mathématiques et informatique appliquées aux sciences humaines et sociales :**

• Institut catholique de l'Ouest Angers ; Univ. Blaise Pascal Aubière ; Univ. d'Aix-Marseille Aix en Provence ; Univ. d'Aix-Marseille Marseille ; Univ. de Bordeaux Talence ; Univ. de Bretagne occidentale Brest ; Univ. de la Guyane Cayenne ; Univ. de Lille 1 Villeneuve D'ascq ; Univ. de Lille 3 Villeneuve D'ascq ; Univ. de Limoges Limoges ; Univ. de Lorraine Nancy ; Univ. de Versailles Saint-Quentin-en-Yvelines Versailles ; Univ. Grenoble Alpes Grenoble ; Univ. Jean Monnet Saint-Étienne Saint-Étienne ; Univ. Lumière - Lyon 2 Bron ; Univ. Panthéon-Sorbonne Paris ; Univ. Pau et Pays de l'Adour Pau ; Univ. Paris Diderot Paris ; Univ. Paris-Est Marne-la-Vallée Marne-la-Vallée ; Univ. Paris Ouest Nanterre La Défense Nanterre ; Univ. Rennes 1 Rennes ; Univ. Rennes 2 Rennes ; Univ. Toulouse - Jean Jaurès Toulouse ; Univ. Toulouse III Toulouse ; Univ. Vincennes-Saint-Denis Saint Denis ; Univ. Savoie Mont Blanc Le Bourget du Lac

MASTERS

Liste des masters ayant une spécialisation en lien avec la banque, la finance ou l'assurance. Pour chacun sont indiqués l'établissement qui y prépare (en rouge) et la commune (en noir). Les formations en apprentissage sont signalées par un A. Pour compléter votre information sur toutes les spécialisations possibles, consultez notre site www.onisep.fr.

■ **Actuariat :**

• Univ. Paris-Est Champs-sur-Marne A

■ **Sciences économiques spécialité(s) :**

• finance : Centrale Marseille Marseille Univ. d'Aix-Marseille Aix-en-Provence

■ **Assurance et analyse financière spécialité(s) :**

• assurance et analyse financière : Univ. du Maine Le Mans

■ **Banque et affaires internationales spécialité(s) :**

• financement d'entreprises et d'affaires internationales : Univ. d'Aix-Marseille Marseille

• management des risques financiers : Univ. d'Aix-Marseille Aix-en-Provence

■ **Banque et finance spécialité(s) :**

• banques : risques et marchés : Univ. de Limoges Limoges

• carrières bancaires et financières : Univ. Rennes 1 Rennes A

• ingénierie économique et financière : Univ. Rennes 1 Rennes

■ **Banque, finance, assurance spécialité(s) :**

• chargé d'affaires, entreprises et institutions : Univ. de Caen Caen A

• expertise des métiers d'agence : Univ. de Caen Caen A

• gestion d'actifs, contrôle des risques et conformité : Univ. de Caen Caen

• gestion de patrimoine : Univ. d'Angers Angers

• ingénierie patrimoniale : Univ. de Caen Caen A

• services financiers aux entreprises : Univ. d'Angers Angers

■ **Comptabilité et contrôle spécialité(s) :**

• comptabilité, contrôle, audit : Univ. de Bordeaux Bordeaux

• direction comptable et financière : Univ. de Bordeaux Bordeaux

• direction financière, contrôle de gestion et audit interne : Univ. de Bordeaux Bordeaux

■ **Comptabilité, finance, fiscalité et patrimoine spécialité(s) :**

• finance - entreprise et marchés : Univ. d'Aix-Marseille Aix-en-Provence

• gestion de patrimoine : Univ. d'Aix-Marseille Aix-en-Provence

• lutte contre la criminalité financière et organisée : Univ. d'Aix-Marseille Aix-en-Provence

■ **Comptabilité-finance spécialité(s) :**

• gestion de patrimoine : Univ. d'Auvergne Clermont-Ferrand

■ **Développement économique spécialité(s) :**

• macroéconomie financière et développement : Univ. de Toulon Toulon

■ **Droit spécialité(s) :**

• droit des assurances : Univ. de Caen Caen

■ **Droit de l'entreprise spécialité(s) :**

• secteur financier (banque, assurance, finance) : Institut catholique de Lille Lille Univ. Toulouse 1 Capitole Toulouse

■ **Droit des affaires spécialité(s) :**
• assurance et banque : Univ. du Maine Le Mans
• banque et bourse : Univ. du Maine Le Mans
• droit bancaire et financier : Univ. de Strasbourg Strasbourg **A**
• droit des assurances : Univ. Lyon 3 - J. Moulin Lyon
• droit et gestion du patrimoine : Univ. de Strasbourg Strasbourg
• droit et ingénierie financière : Univ. Lyon 3 - J. Moulin Lyon
• procédures bancaires et marché des professionnels : Univ. d'Aix-Marseille Aix-en-Provence

■ **Droit du patrimoine spécialité(s) :**
• droit des assurances : Univ. de Poitiers Niort **A**

■ **Droit économique et des affaires spécialité(s) :**
• juriste de banque et finance : Univ. de Nice Nice

■ **Droit patrimonial, immobilier et notarial spécialité(s) :**
• droit de la responsabilité et des assurances : Univ. d'Aix-Marseille Aix-en-Provence
• droit et métiers des assurances : Univ. d'Aix-Marseille Aix-en-Provence **A**
• fiscalité personnelle et du patrimoine : Univ. d'Aix-Marseille Aix-en-Provence

■ **Droit privé spécialité(s) :**
• assurances : Univ. Panthéon-Assas Paris **A**
• banque, assurance, immobilier : Univ. des Antilles Schoelcher
• droit et gestion du patrimoine privé : Univ. d'Orléans Orléans
• droit et pratique de l'assurance : Univ. de Bordeaux Pessac
• gestion du patrimoine privé : Univ. de Bordeaux Pessac

■ **Droit privé et sciences criminelles spécialité(s) :**
• lutte contre la criminalité financière et organisée : Univ. d'Aix-Marseille Aix-en-Provence
• responsabilité civile et assurances : Univ. de Nantes Nantes

■ **Économétrie et statistique appliquée spécialité(s) :**
• compétence complémentaire en informatique : Univ. d'Orléans Orléans
• économétrie et statistique appliquée : Univ. d'Orléans Orléans

■ **Économie spécialité(s) :**
• marchés et intermédiaires financiers : Univ. Toulouse 1 Capitole Toulouse

■ **Économie appliquée spécialité(s) :**
• économie et gestion des risques financiers : Univ. de Rouen Rouen
• finance de marché, épargne institutionnelle, gestion du patrimoine : Univ. de Poitiers Poitiers **A**

■ **Économie de la firme et des marchés spécialité(s) :**
• entrepreneuriat, micro-finance et développement : Univ. de Lorraine Nancy

■ **Économie des organisations et gouvernance spécialité(s) :**
• activités bancaires : Univ. d'Amiens Amiens

■ **Économie et gestion du risque spécialité(s) :**
• gestion du risque et économie de l'assurance : Univ. de Strasbourg Strasbourg

■ **Économie, banque et finance internationales spécialité(s) :**
• banque, finance et négoce international : Univ. de Bordeaux Pessac
• métiers de la banque : Univ. de Bordeaux Pessac **A**

■ **Économie, finance spécialité(s) :**
• banque : Univ. de Savoie Annecy-le-Vieux **A**

■ **Économie-gestion spécialité(s) :**
• banque : Univ. de Franche-Comté Besançon
• chargé d'affaires professionnels : Univ. de Franche-Comté Besançon **A**

■ **Entreprise et patrimoine spécialité(s) :**
• droit de la banque : Univ. de Toulon Toulon
• droit et gestion du patrimoine : Univ. de Toulon Toulon

■ **Études européennes spécialité(s) :**
• gestion financière et espace européen : Univ. de Lorraine Nancy

■ **Finance spécialité(s) :**
• banque et finance : Univ. de Saint-Étienne Saint-Étienne Univ. Lyon 2 - Lumière Lyon
• banque et finance européennes : Univ. Toulouse 1 Capitole Toulouse
• banque et patrimoine : Univ. Lyon 3 - J. Moulin Lyon
• banque, finance, assurance : Univ. d'Orléans Orléans
• compétence complémentaire en informatique : Univ. d'Orléans Orléans
• conseiller en clientèle professionnelle : Univ. de Strasbourg Strasbourg **A**
• finance de marché : Univ. Toulouse 1 Capitole Toulouse
• finance d'entreprise et des marchés : IAE Saint-Martin-d'Hères
• finance d'entreprise et pratique des marchés financiers : Univ. de Strasbourg Strasbourg
• finance et gestion bancaire : IAE Valence **A**
• finance quantitative : IAE Saint-Martin-d'Hères
• finances et technologies de l'information : Univ. Toulouse 1 Capitole Toulouse
• gestion de patrimoine : IAE Saint-Martin-d'Hères **A**
• gestion financière de la banque : CFA DIFCAM banque et assurance Reims **A** Univ. de Strasbourg Strasbourg
• ingénierie bancaire et financière : CFA des métiers de la banque et de la finance Orléans **A** Univ. d'Orléans Orléans
• management des opérations de marché : Univ. Lyon 2 - Lumière Lyon **A**
• monnaie, finance et gouvernance : Univ. de Saint-Étienne Saint-Étienne Univ. Lyon 2 - Lumière Lyon
• monnaie, finance, gouvernance : ENS Lyon Lyon

■ **Finance et affaires internationales spécialité(s) :**
• banque, chargé de clientèle professionnelle : CFA Banques AIFA Nantes **A**
• banque, chargé de clientèle professionnels : Univ. de Nantes Nantes **A**
• gestion de patrimoine : Univ. de Nantes Nantes
• gestion des risques et clientèle entreprise : Univ. de Nantes Nantes

Pr Hc : privé hors contrat
Pr Sc : privé sous contrat
A : statut apprenti
S : statut scolaire

Masters (suite)

■ Finance internationale et économie de la mondialisation spécialité(s) :
• économie et finance internationale : Univ. de Nice Nice
• management bancaire et finance internationale : Univ. de Nice Nice A

■ Finance, assurance, actuariat, banque spécialité(s) :
• management de l'assurance : Cnam-Enass Paris A

■ Finance, comptabilité spécialité(s) :
• comptabilité, contrôle, audit : Univ. de Nice Nice Univ. de Poitiers Poitiers
• finance et ingénierie financière : Univ. de Poitiers Poitiers A
• gestion internationale de fortune : Univ. de Nice Nice
• ingénierie financière : Univ. de Nice Nice

■ Finance, comptabilité, contrôle spécialité(s) :
• compétence complémentaire en informatique : Univ. d'Orléans Orléans

■ Finance, comptabilité, contrôle de gestion spécialité(s) :
• analyse et stratégie financière : Univ. Rennes 1 Rennes
• gestion des risques : Univ. Rennes 1 Rennes

■ Finance, contrôle, audit spécialité(s) :
• métiers de la banque et de la finance : Univ. de Tours Tours

■ Finance, contrôle, comptabilité spécialité(s) :
• analyse financière : Univ. de Lorraine Nancy
• banque des professionnels et management d'agences : Univ. de Lorraine Nancy A
• banque, finance : Univ. de Reims Reims A
• finance internationale : Univ. de Lorraine Metz
• ingénierie financière et bancaire de l'entreprise : Univ. de Lorraine Nancy A
• négociation et ingénierie patrimoniale : Univ. de Lorraine Nancy A

■ Gestion spécialité(s) :
• finances : ENS Cachan Cachan

■ Gestion de patrimoine :
• Univ. de Montpellier Montpellier A Univ. de Valenciennes Valenciennes Univ. Paris-Est Créteil Créteil A

■ Gestion patrimoniale et financière spécialité(s) :
• gestion du patrimoine privé : Univ. de Bordeaux Bordeaux
• management financier : Univ. de Bordeaux Bordeaux

■ Informatique spécialité(s) :
• informatique et mathématiques appliquées à la finance et à l'assurance : Univ. de Nice Biot

■ International business / affaires internationales spécialité(s) :
• european and international banking / banque privée en Europe et à l'international : Univ. de Nice Nice

■ Langues étrangères appliquées spécialité(s) :
• management international des assurances : Univ. Paris 13 Villetaneuse

■ Management spécialité(s) :
• assurance et gestion du patrimoine : Univ. de Rouen Rouen

■ Management de l'innovation spécialité(s) :
• management des risques actuariels : Univ. Pierre et Marie Curie Paris

■ Management stratégique spécialité(s) :
• gestion des risques : Univ. Toulouse 1 Capitole Toulouse

■ Marketing spécialité(s) :
• carrières commerciales de la banque et de l'assurance : Univ. d'Auvergne Clermont-Ferrand

■ Mathématiques spécialité(s) :
• actuariat et ingénierie mathématiques en assurance et finance : Univ. de Rouen Saint-Étienne-du-Rouvray

■ Mathématiques appliquées spécialité(s) :
• mathématiques de l'assurance, de l'économie et de la finance : Ensae ParisTech Malakoff Malakoff

■ Mathématiques et applications:
• École des Ponts ParisTech Champs-sur-Marne

■ Mathématiques et applications spécialité(s) :
• actuariat : Télécom Bretagne Brest, Rennes, Toulouse Brest Univ. de Bretagne occidentale Brest
• ingénierie statistique et informatique de la finance, de l'assurance et du risque : Univ. Paris Diderot Paris
• mathématiques pour l'assurance, la finance et la santé : Univ. du Maine Le Mans A
• modélisation aléatoire : ENS Cachan Cachan Ensae ParisTech Malakoff Télécom ParisTech Paris Univ. Paris Diderot Paris
• probabilités et finance : École polytechnique (l'X) Palaiseau Univ. Pierre et Marie Curie Paris

■ Mathématiques, informatique spécialité(s) :
• actuariat et ingénierie mathématique en finance et assurance : Univ. du Havre Le Havre

■ Méthodes informatiques appliquées à la gestion des entreprises spécialité(s) :
• systèmes d'information et management du risque : Univ. de Nice Biot

■ Modélisation, ingénierie mathématique, statistique et économique spécialité(s) :
• ingénierie des risques économiques et financiers : Univ. de Bordeaux Pessac

■ Monnaie, banque, finance, assurance :
• Institut catholique de Lille Lille Univ. d'Artois Arras Univ. de La Réunion Saint-Denis Univ. de Lille 1 Villeneuve-d'Ascq Univ. de Montpellier Montpellier Univ. Panthéon-Sorbonne Paris Univ. Paris 8 Saint-Denis Univ. Paris Ouest La Défense Nanterre A Univ. Paris-Est Créteil Créteil A Univ. Toulouse 1 Capitole Toulouse

■ Monnaie, banque, finance, assurance spécialité(s) :
• banque, finance, assurance : Univ. Paris 13 Villetaneuse A
• banque, finance, gestion des risques : Univ. Paris 13 Villetaneuse A
• économie, finance internationale et régulation : Univ. Paris 13 Villetaneuse
• risque, assurance, décision : Univ. Paris 13 Villetaneuse Univ. Paris Descartes Malakoff

■ Monnaie, finance, banque spécialité(s) :
• finance : Univ. Panthéon-Assas Paris
• macroéconomie monétaire et bancaire : Univ. Panthéon-Assas Paris
• techniques financières et bancaires : Univ. Panthéon-Assas Paris A

■ Risques et environnement :
• Univ. Paris Ouest La Défense Nanterre

■ **Sciences actuarielle et financière, ingénierie des risques spécialité(s) :**
- gestion des risques en assurance et finance : Centrale Lyon Écully Univ. Lyon 1 - C. Bernard Lyon
- ingénierie des risques : Univ. Lyon 1 - C. Bernard Lyon
- sciences actuarielle et financière : Univ. Lyon 1 - C. Bernard Lyon **A**

■ **Sciences de gestion spécialité(s) :**
- financement de projet-financements structurés : École des Ponts ParisTech Champs-sur-Marne

■ **Sciences du management spécialité(s) :**
- banque et assurance : Univ. de Bretagne-Sud Vannes **A**
- finance : Univ. de Bourgogne Dijon **A**
- ingénierie financière : Univ. de Bretagne occidentale Brest
- management financier international : Univ. d'Aix-Marseille Aix-en-Provence **A**

■ **Sciences économiques spécialité(s) :**
- banque, patrimoine, assurance : Univ. de Bourgogne Dijon **A**

■ **Sciences sociales spécialité(s) :**
- ingénierie des risques : Univ. Paris Descartes Boulogne-Billancourt **A**

■ **Statistique et actuariat appliqués en assurances dommages et santé :**
- Univ. de Poitiers Niort

■ **Statistiques, économétrie spécialité(s) :**
- prévision, risque et marchés : Univ. Rennes 1 Rennes

FORMATIONS D'ACTUAIRE

Liste des formations reconnues par l'Institut des actuaires.

■ **Master pro sciences, technologies, santé** mention mathématiques et applications spécialité actuariat
29 Brest Euria 6 av Victor Le Gorgeu 02 98 01 66 55 **Public euria.univ-brest.fr**

■ **DU Actuaire**
67 Strasbourg UFR de mathématiques et d'informatique 7 rue R Descartes 03 68 85 01 23 **Public mathinfo.unistra.fr**

69 Lyon Institut de science financière et d'assurances 50 av T Garnier 04 37 28 74 40 **Public isfa.fr**

■ **Diplôme de statisticien de l'institut de statistique Paris VI** mention actuariat
75 Paris ISUP 4 pl. Jussieu 01 44 27 70 49 **Public www.isup.upmc.fr A**

■ **Master mathématiques, informatique, décision et organisation** mention mathématiques appliquées parcours actuariat
75 Paris Université Paris-Dauphine Place du Maréchal de Lattre de Tassigny 01 44 05 43 40 **Public www.mido.dauphine.fr**

■ **Diplôme d'ingénieur de l'École nationale supérieure de la statistique et de l'administration économique du Groupe des écoles nationales d'économie et statistique**
92 Malakoff Ensae ParisTech Malakoff 3 av P Larousse - timbre J120 01 41 17 65 25 **Public www.ensae.fr**

■ **Diplôme de l'École supérieure des sciences économiques et commerciales (Essec) filière actuariat**
95 Cergy-Pontoise Essec 3 avenue Bernard Hirsch 01 34 43 30 00 **Privé reconnu www.essec.fr**

ÉCOLES DE COMMERCE

Programme principal

Liste des écoles de commerce reconnues menant à un diplôme visé de niveau bac + 4 ou bac + 5. La plupart proposent dans le cadre de leur programme principal des spécialisations en finance ou en banque en fin de cursus. Ne sont indiquées ici que les coordonnées des établissements. Pour plus d'informations, lire notre Dossier *Écoles de commerce* (novembre 2015), ou consulter notre site : www.onisep.fr.

Recrutement post-bac

■ **EBS**
European Business School - École européenne de gestion 75015 Paris 01 40 71 37 37 **Pr reconnu www.ebs-paris.fr A**

■ **EDC**
EDC Paris Business School 92415 Courbevoie 01 46 93 02 70 **Pr reconnu www.edcparis.edu**

■ **Edhec-BBA**
EDHEC programme BBA 06202 Nice 04 93 18 99 66 **Pr reconnu www.bba-edhec.fr A**

■ **Edhec-BBA**
EDHEC programme BBA 59057 Roubaix 03 20 15 45 85 **Pr reconnu www.bba-edhec.fr A**

■ **EM Normandie**
École de management de Normandie 14052 Caen 02 31 46 78 78 **Pr reconnu www.em-normandie.fr A**

■ **EMLV**
École de management Léonard de Vinci 92916 Courbevoie 01 41 16 73 00 **Pr reconnu www.emlv.fr A**

■ **EMLyon-BBA**
EMLyon Business School programme BBA 42009 Saint-Étienne 04 27 40 50 20 **Pr reconnu bba.em-lyon.com A**

■ **ESC La Rochelle - BBA IECG**
Groupe Sup de Co La Rochelle programme Bachelor international BBA - IECG 17024 La Rochelle 05 46 51 77 00 **Consulaire www.esc-larochelle.fr**

■ **ESC Troyes-INBA**
Groupe ESC Troyes - programme International Bachelor INBA 10000 Troyes 03 25 71 22 22 **Pr reconnu groupe-esc-troyes.com A**

■ **ESCE**
École supérieure du commerce extérieur 69008 Lyon 04 78 75 74 13 **Pr reconnu www.esce.fr**

■ **ESCE**
École supérieure du commerce extérieur 75015 Paris 01 81 51 15 15 **Pr reconnu www.esce.fr A**

■ **Esdes**
École de management - Esdes 69288 Lyon 04 72 32 50 48 **Pr reconnu www.esdes.fr**

■ **Essca**
École supérieure des sciences commerciales d'Angers 49003 Angers 02 41 73 47 47 **Pr reconnu www.essca.fr A**

Pr Hc : privé hors contrat
Pr Sc : privé sous contrat
A : statut apprenti
S : statut scolaire

Écoles de commerce (suite)

■ Essca
École supérieure des sciences commerciales d'Angers 92513 Boulogne-Billancourt 02 41 73 47 47 **Pr reconnu** www.essca.fr **A**

■ Essec-Global BBA
Essec - programme Global Bachelor in Business Administration 95021 Cergy 01 34 43 31 81 **Consulaire** www.essec.fr **A**

■ Esta
École supérieure des technologies et des affaires 90004 Belfort 03 84 54 53 53 **Pr reconnu** www.esta-belfort.fr

■ ICD
Institut international du commerce et du développement - groupe IGS 31700 Blagnac 05 61 71 18 91 **Pr reconnu** www.icd-ecoles.com .

■ ICD
Institut international du commerce et du développement - groupe IGS 75010 Paris 01 80 97 66 00 **Pr reconnu** www.icd-ecoles.com **A**

■ Idrac business school
Institut de recherche et d'action commerciale 69258 Lyon 04 72 85 72 72 **Pr reconnu** www.ecoles-idrac.com

■ Ieseg
Ieseg School of Management 92044 Courbevoie 01 55 91 10 10 **Pr reconnu** www.ieseg.fr

■ Ieseg
Ieseg School of Management 59000 Lille 03 20 54 58 92 **Pr reconnu** www.ieseg.fr **A**

■ Inseec BBA
École de commerce européenne - programme BBA Inseec 33000 Bordeaux 05 57 87 64 74 **Pr reconnu** www.ece.inseec.com

■ Inseec BBA
École de commerce européenne - programme BBA Inseec 69007 Lyon 04 78 29 80 28 **Pr reconnu** www.ece.inseec.com

■ Ipag
IPAG Business School 06000 Nice 04 93 13 39 00 **Pr reconnu** www.ipag.fr

■ Ipag
IPAG Business School 75006 Paris 01 53 63 36 00 **Pr reconnu** www.ipag.fr **A**

■ Istec
École supérieure de commerce et de marketing 75010 Paris 01 40 40 20 30 **Pr reconnu** www.istec.fr **A**

■ Kedge-Cesemed
Kedge Business School - programme CeseMed 13288 Marseille 04 91 82 78 00 **Pr reconnu** www.kedgebs.com

■ Kedge-EBP international
Kedge Business School - programme EBP international 33405 Talence 05 56 84 55 55 **Pr reconnu** www.kedgebs.com

■ Neoma-BSC
Neoma Business School - programme BSc in International Business 76130 Mont-Saint-Aignan 02 32 82 57 00 **Pr reconnu** www.neoma-bs.fr

■ Neoma-Cesem
Neoma Business School - programme Cesem 51061 Reims 03 26 77 47 47 **Pr reconnu** cesem.neoma-bs.fr

■ PSB
Paris School of Business (ex-ESG) 75013 Paris 01 53 36 44 01 **Pr reconnu** www.psbedu.paris **A**

Recrutement post-bac + 2

■ Audencia Business School
Audencia Business School 44312 Nantes 02 40 37 34 34 **Pr reconnu** www.audencia.com **A**

■ Edhec
Edhec Business School 06202 Nice 04 93 18 99 66 **Pr reconnu** www.edhec.com

■ Edhec
Edhec Business School 75002 Paris 01 53 32 76 30 **Pr reconnu** www.edhec.com

■ Edhec
Edhec Business School 59057 Roubaix 03 20 15 45 00 **Pr reconnu** www.edhec.com

■ EM Normandie
École de management de Normandie 76087 Le Havre 02 32 92 59 99 **Pr reconnu** www.ecole-management-normandie.fr **A**

■ EM Strasbourg
École de management de Strasbourg 67085 Strasbourg 03 68 85 80 00 **Public** www.em-strasbourg.eu **A**

■ EMLyon
EMLyon Business School 69134 Écully 04 78 33 78 00 **Pr reconnu** www.em-lyon.com **A**

■ ESC Bretagne Brest
Groupe ESC Bretagne Brest - Brest Business School 29238 Brest 02 98 34 44 44 **Consulaire** www.brest-bs.com **A**

■ ESC Clermont
Groupe ESC Clermont 63037 Clermont-Ferrand 04 73 98 24 24 **Pr reconnu** www.esc-clermont.fr **A**

■ ESC Dijon
Groupe ESC Dijon Bourgogne 21006 Dijon 03 80 72 59 00 **Pr reconnu** www.escdijon.eu **A**

■ ESC La Rochelle
Groupe Sup de Co La Rochelle 17024 La Rochelle 05 46 51 77 00 **Consulaire** www.esc-larochelle.fr **A**

■ ESC Montpellier
Montpellier Business School - Groupe Sup de Co Montpellier 34185 Montpellier 04 67 10 25 00 **Pr reconnu** www.montpellier-bs.com **A**

■ ESC Pau
Groupe ESC Pau 64075 Pau 05 59 92 64 64 **Consulaire** www.esc-pau.fr **A**

■ ESC Rennes
ESC Rennes School of Business 35065 Rennes 02 99 54 63 63 **Consulaire** www.esc-rennes.fr **A**

■ ESC Toulouse
Toulouse Business School 31068 Toulouse 05 61 29 49 49 **Consulaire** www.tbs-education.fr **A**

■ ESC Troyes
Groupe ESC Troyes 10002 Troyes 03 25 71 22 22 **Pr reconnu** www.groupe-esc-troyes.com **A**

■ ESCP Europe
ESCP Europe 75543 Paris 01 49 23 20 00 **Consulaire** www.escpeurope.eu **A**

■ Essec
École supérieure des sciences économiques et commerciales 95021 Cergy 01 34 43 30 00 **Consulaire** www.essec.fr **A**

■ GEM
Grenoble École de Management 38003 Grenoble 04 76 70 60 60 **Consulaire** www.grenoble-em.com **A**

■ HEC
HEC Paris 78351 Jouy-en-Josas 01 39 67 70 00 **Consulaire** www.hec.fr

■ ICN
ICN Business School 54037 Nancy 03 54 50 25 38 **Pr reconnu** www.icn-groupe.fr **A**

■ Inseec
Inseec Business School - groupe INSEEC 33070 Bordeaux 05 56 00 73 73 **Pr reconnu** www.inseec-bs.com

■ **Inseec**
Inseec Business School - groupe INSEEC 73370 Le Bourget-du-Lac 04 79 25 32 54 **Pr reconnu www.inseec.com A**

■ **Inseec**
Inseec Business School - groupe INSEEC 75010 Paris 01 42 09 99 17 **Pr reconnu www.inseec.com A**

■ **ISC Paris**
Institut supérieur du commerce 75848 Paris 01 40 53 99 99 **Pr reconnu www.iscparis.fr**

■ **ISG**
Institut supérieur de gestion 75116 Paris 01 56 26 26 26 **Pr reconnu www.isg.fr**

■ **Kedge**
Kedge Business School 13288 Marseille 04 91 82 78 00 **Pr reconnu www.kedgebs.com A**

■ **Kedge**
Kedge Business School 33405 Talence 05 56 84 55 55 **Pr reconnu www.kedgebs.com A**

■ **Neoma**
Neoma Business School 76825 Mont-Saint-Aignan 02 32 82 57 00 **Pr reconnu www.neoma-bs.fr A**

■ **Neoma**
Neoma Business School 51061 Reims 03 26 77 47 47 **Pr reconnu www.neoma-bs.fr A**

■ **Skema**
Skema Business School 92916 Courbevoie 01 41 16 74 61 **Pr reconnu www.skema-bs.fr A**

■ **Skema**
Skema Business School 59777 Lille 03 20 21 59 62 **Pr reconnu www.skema-bs.fr A**

■ **Skema**
Skema Business School 06902 Valbonne 04 93 95 44 44 **Pr reconnu www.skema-bs.fr A**

■ **Télécom EM**
Télécom École de management 91011 Évry 01 60 76 46 21 **Public www.telecom-em.eu A**

Recrutement post-bac + 3

■ **Novancia**
Novancia Business School Paris 75731 Paris 01 55 65 50 88 **Consulaire www.novancia.fr A**

MS et MSc de la CGE

Certaines de ces écoles de commerce reconnues proposent, en plus de leur programme principal, des mastères spécialisés (MS), en 1 an après un bac + 5, ou des mastères en science (MSc) spécialisés en banque ou finance. MS et MSc sont des formations labélisées par la Conférence des grandes écoles (CGE).

■ **Audencia Business School**
Audencia Business School 44312 Nantes 02 40 37 34 34 **Pr reconnu www.audencia.com**
• mastère spé. Finance, risque, contrôle. Durée : 1 an. Coût total : 14 950 euros. Admission en 1re année : dossier, entretiens, test Tame et test d'anglais avec bac + 5

■ **EMLyon**
EMLyon Business School 69134 Écully 04 78 33 78 00 **Pr reconnu www.em-lyon.com**
• mastère spé. Finance de marché. Durée : 1 an. Coût total : 19 800 euros. Admission : dossier, tests écrits (TAGE-MAGE ou GMAT, TOEIC ou TOEFL) et entretien avec bac + 5
• mastère spé. Ingénierie financière. Durée : 1 an. Coût total : 19 800 euros. Admission : dossier, tests écrits (TAGE-MAGE ou GMAT, TOEIC ou TOEFL) et entretien avec bac + 5
• mastère spé. Management des entreprises du vivant et de l'agroalimentaire. Durée : 1 an. Coût total : 18 000 euros. Admission : dossier, tests écrits (TAGE-MAGE ou GMAT, TOEIC ou TOEFL) et entretien avec bac + 5

■ **Ensi Caen**
École nationale supérieure d'ingénieurs de Caen et centre de recherche 14050 Caen 02 31 45 27 50 **Public www.ensicaen.fr**
• mastère spé. Monétique et transaction sécurisées. Durée : 1 an. Coût total : 8 000 euros. Admission : dossier et entretien avec bac + 5

■ **ESC Toulouse**
Toulouse Business School 31068 Toulouse 05 61 29 49 49 **Consulaire www.tbs-education.fr**
• mastère spé. Banque et ingénierie financière. Durée : 1 an. Coût total : 13 950 euros. Admission : dossier et entretien avec bac + 5
• mastère spé. Ingénierie et modèles de la finance. Durée : 1 an. Coût total : 14 000 euros. Admission : dossier et entretien avec bac + 5
• MSc Banking and International Finance. Durée : 1 an. Coût total : 13 950 euros. Admission : dossier et entretien avec bac + 5

■ **ESCP Europe**
ESCP EUROPE 75543 Paris 01 49 23 20 00 **Consulaire www.escpeurope.eu**
• mastère spé. Finance. Durée : 1 an. Coût total : 20 700 euros. Admission : concours propre avec bac + 5
• mastère spé. International Wealth Management. Durée : 1 an. Coût total : 16 800 euros. Admission : concours propre avec bac + 5

■ **Esilv Courbevoie**
École supérieure d'ingénieurs Léonard de Vinci 92400 Courbevoie 01 41 16 71 72 **Pr reconnu www.esilv.fr**
• mastère spé. Assurance actuariat et big data (ESILV). Durée : 1 an. Admission : dossier et entretien avec bac + 5

■ **Essec**
École supérieure des sciences économiques et commerciales 95021 Cergy 01 34 43 30 00 **Consulaire www.essec.fr**
• mastère spé. Strategy and Management of International Business. Durée : 1 an. Coût total : 19 500 euros. Admission : dossier, tests d'anglais, entretien avec bac + 5.
• mastère spé. Techniques financières. Durée : 1 an. Coût total : 21 250 euros. Admission : dossier, tests d'anglais, entretien avec bac + 5

■ **HEC**
HEC Paris 78351 Jouy-en-Josas 01 39 67 70 00 **Consulaire www.hec.fr**
• MSc International Finance. Durée : 1 an. Coût total : 22 400 euros. Admission : dossier et entretien avec bac + 4
• MSc Managerial and Financial Economics. Durée : 1 an. Coût total : 20 900 euros. Admission : dossier et entretien avec bac + 4

Pr Hc : privé hors contrat
Pr Sc : privé sous contrat
A : statut apprenti
S : statut scolaire

MS et MSc de la CGE (suite)

■ Ieseg

Ieseg School of Management 92044 Courbevoie 01 55 91 10 10 **Pr reconnu www.ieseg.fr**

• MSc Finance. Durée : 12 mois. Admission en 1re année : dossier et entretien avec bac + 4

59000 Lille 03 20 54 58 92 **Pr reconnu www.ieseg.fr**

• MSc Big Data for analytics for Business. Durée : 1 an. Coût total : 13 000 euros. Admission en 1re année : dossier, test d'anglais avec bac + 4

■ Insa Toulouse

Institut national des sciences appliquées de Toulouse 31077 Toulouse 05 61 55 95 13 **Public www.insa-toulouse.fr**

• mastère spé. Ingénierie et modèles de la finance. Durée : 1 an. Admission : dossier et entretien avec bac + 5

■ Isae/Supareo Toulouse

Institut supérieur de l'aéronautique et de l'espace 31055 Toulouse 05 61 33 80 60 **Public www.isae-supaero.fr**

• mastère spé. Ingénierie et modèles de la finance. Durée : 1 an. Admission : dossier et entretien avec bac + 5

■ Kedge

Kedge Business School 13288 Marseille 04 91 82 78 00 **Pr reconnu www.kedgebs.com**

• MSc Management financier et organisationnel. Durée : 1 an. Coût total : 9 500 euros. Admission en 1re année : dossier et entretien avec bac + 4

33405 Talence 05 56 84 55 55 **Pr reconnu www.kedgebs.com**

• mastère spé. Management des risques. Durée : 13 mois. Coût total : 12 500 euros. Admission : dossier et entretien avec bac + 5.

• MSc Management financier et organisationnel. Durée : 15 mois. Coût total : 10 500 euros. Admission : dossier et entretien avec bac + 4

■ Neoma

Neoma Business School 51061 Reims 03 26 77 47 47 **Pr reconnu www.neoma-bs.fr**

• mastère spé. Analyse financière internationale. Durée : 1 an. Coût total : 15 950 euros. Admission : dossier et entretien avec bac + 5.

■ Skema

Skema Business School 06902 Valbonne 04 93 95 44 44 **Pr reconnu www.skema-bs.fr**

• mastère spé. Manager en gestion du patrimoine financier. Durée : 1 an. Coût total : 13 965 euros. Admission en 1re année : dossier et entretien avec bac + 5

■ Télécom Bretagne Brest, Rennes, Toulouse

Télécom Bretagne 29238 Brest 02 29 00 11 11 **Public www.telecom-bretagne.eu**

• mastère spé. Informatique appliquée à la décision bancaire et actuarielle. Durée : 1 an. Admission en 1re année : dossier et entretien avec bac + 5

■ Télécom EM

Télécom École de management 91011 Évry 01 60 76 46 21 **Public www.telecom-em.eu**

• mastère spé. Systèmes d'information pour les entreprises. Durée : 1 an. Coût total : 10 000 euros. Admission :

• Masters of Science

Master of Science, MBA...

Ces mêmes écoles de commerce proposent d'autres formations en banque ou finance, souvent appelées Masters of Science, accessibles à d'autres élèves que ceux de leur programme principal.

■ Edhec

Edhec Business School 06202 Nice 04 93 18 99 66 **Pr reconnu www.edhec.com**

• Master of Science in Corporate Finance and Banking Durée : 1 an Admission en 1re année : dossier avec bac + 4. Coût total : 21 500 euros

• Master of Science in Finance. Durée : 1 an. Admission en 1re année : dossier avec bac + 3. Coût total : 21 500 euros

• Master of Science in Financial Markets Durée : 1 an. Admission en 1re année : dossier avec bac + 4. Coût total : 21 500 euros

• Master of Science in Risk and Finance. Durée : 1 an Admission en 1re année : dossier avec bac + 4. Coût total : 21 500 euros

■ ESC Bretagne Brest

Groupe ESC Bretagne Brest - Brest Business School 29238 Brest 02 98 34 44 44 **Consulaire www.brest-bs.com**

• Expert en gestion patrimoniale et financière (programme executive mastère). Durée : 1 an. Admission en 1re année : dossier et entretien avec bac + 4. Coût total : 9 500 euros

■ ESC Rennes

ESC Rennes School of Business 35065 Rennes 02 99 54 63 63 **Consulaire www.esc-rennes.fr**

• Master of Science in International Finance. Durée : 1 an. Admission : dossier et entretien avec bac + 3. Coût total : 15 000 euros

■ ESG

ESG - École de commerce 34965 Montpellier 04 67 91 31 51 **Pr Hc www.esg.fr**

• Expert en ingénierie financière Durée : 2 ans. Admission en 1re année : concours propre avec bac + 3. Coût total : 13 500 euros

■ Essec

École supérieure des sciences économiques et commerciales 95021 Cergy 01 34 43 30 00 **Consulaire www.essec.fr**

• Master of Science in Finance. Durée : 1 an. Admission en 1re année : dossier, test d'anglais avec bac + 4. Coût total : 20 000 euros

■ GEM

Grenoble École de Management 38003 Grenoble 04 76 70 60 60 **Consulaire www.grenoble-em.com**

• Master of Science in Finance. Durée : 2 ans. Admission en 1re année : dossier, test d'anglais, entretien avec bac + 3. Coût total : 23 300 euros

■ ICD

Institut international du commerce et du développement - groupe IGS 75010 Paris 01 80 97 66 00 **Pr reconnu www.icd-ecoles.com**

• MBA relation client en banque et assurance. Durée : 1 an. Admission en 1re année : dossier et entretien avec bac + 4. Coût total : 10 800 euros

■ Inseec

Inseec Business School - groupe Inseec 33070 Bordeaux 05 56 00 73 73 **Pr reconnu www.inseec-bs.com**

• Master of Science analyse financière internationale. Durée : 2 ans. Admission en 1re année : dossier, tests, entretiens avec bac + 3. Admission en 2e année : dossier, tests, entretiens avec bac + 4 Coût total : 16 350 euros

• Master of Science banque et assurance Durée : 2 ans. Admission en 1re année : dossier, tests, entretiens avec bac + 3. Admission en 2e année : dossier, tests, entretiens avec bac + 4. Coût total : 16 350 euros

• Master of Science gestion de patrimoine et marchés immobiliers. Durée : 2 ans. Admission en 1re année : dossier, tests, entretiens avec bac + 3. Admission en 2e année : dossier, tests et entretien avec bac + 4. Coût total : 16 350 euros

• Master of Science salles de marché, métiers du trading et risk management Durée : 2 ans. Admission en 1re année : dossier, tests, entretiens avec bac + 3. Admission en 2e année : dossier, tests, entretiens avec bac + 4. Coût total : 16 350 euros

• MBA finance. Durée : 2 ans Admission en 1re année : dossier, tests, entretiens avec bac + 3. Admission en 2e année : dossier, tests, entretiens avec bac + 4. Coût total : 16 800 euros

■ Inseec

Inseec Business School - groupe Inseec 73370 Le Bourget-du-Lac 04 79 25 32 54 **Pr reconnu www.inseec.com**

• Master of Science banque et assurance Durée : 2 ans. Admission en 1re année : dossier et entretien avec bac + 3. Admission en 2e année : dossier et entretien avec bac + 4. Coût total : 12 400 euros

■ Inseec

Inseec programmes MSc et MBA – groupe Inseec 69001 Lyon 04 78 29 80 28 **Pr reconnu www.masters.inseec.com**

• Master of Science analyse financière internationale. Durée : 2 ans Admission en 1re année : dossier, tests et entretiens avec bac + 3. Admission en 2e année : dossier, tests et entretiens avec bac + 4. Coût total : 16 350 euros

• Master of Science banque et assurance. Durée : 2 ans. Admission en 1re année : dossier, tests et entretiens avec bac + 3. Admission en 2e année : dossier, tests et entretiens avec bac + 4. Coût total : 16 350 euros

• Master of Science gestion de patrimoine et marchés immobiliers Durée : 2 ans. Admission en 1re année : dossier, tests et entretiens avec bac + 3. Admission en 2e année : dossier, tests et entretiens avec bac + 4. Coût total : 16 350 euros

■ Inseec

Inseec Business School - groupe Inseec 75010 Paris 01 42 09 99 17 **Pr reconnu www.inseec.com**

• Master of Science analyse financière internationale. Durée : 2 ans. Admission en 1re année : dossier, et entretiens avec bac + 3. Admission en 2e année : dossier et entretien avec bac + 4. Coût total : 16 350 euros

• Master of Science banque et assurance. Durée : 2 ans. Admission en 1re année : dossier et entretien avec bac + 3. Admission en 2e année : dossier et entretien avec bac + 4. Coût total : 16 350 euros

• Master of Science gestion de patrimoine et marchés immobiliers Durée : 2 ans. Admission en 1re année : dossier, et entretien avec bac + 3. Admission en 2e année : dossier et entretien avec bac + 4. Coût total : 16 350 euros

• Master of Science salles de marché, métiers du trading et risk management. Durée : 2 ans. Admission en 1re année : dossier et entretien avec bac + 3. Admission en 2e année : dossier et entretien avec bac + 4. Coût total : 16 350 euros

• MBA finance Durée : 2 ans. Admission en 1re année : dossier et entretien avec bac + 3. Admission en 2e année : dossier et entretien avec bac + 4. Coût total : 16 800 euros

■ ISC Paris

Institut supérieur du commerce 75848 Paris 01 40 53 99 99 **Pr reconnu www.iscparis.fr**

• MBA banque, assurance et marchés financiers. Durée : 1 an. Admission en 1re année : dossier, entretien avec bac + 4. Coût total : 10 900 euros

• MBA finance et ingénierie financière. Durée : 1 an. Admission : dossier, entretien avec bac + 4 Coût total : 10 900 euros

• MBA International Finance. Durée : 1 an Admission : dossier, entretien avec bac + 4. Coût total : 11 500 euros

■ ISG

Institut supérieur de gestion 75116 Paris 01 56 26 26 26 **Pr reconnu www.isg.fr**

• Master of Science finance de marché et gestion des risques. Durée : 2 ans. Admission en 2e année : dossier et entretien avec bac + 4. Coût total : 16 400 euros

• Master of Science gestion et fiscalité de patrimoine. Durée : 2 ans Admission en 1re année : dossier et entretien avec bac + 3. Coût total : 16 400 euros.

■ Kedge

Kedge Business School 13288 Marseille 04 91 82 78 00 **Pr reconnu www.kedgebs.com**

• Master of Science in Finance. Durée : 2 ans. Admission en 1re année : dossier et entretien avec bac + 3. Coût total : 19 000 euros

■ Neoma

Neoma Business School 76825 Mont-Saint-Aignan 02 32 82 57 00 **Pr reconnu www.neoma-bs.fr**

• Master of Science in Finance. Durée : 1 an. Admission : dossier et entretien avec bac + 4/5. Coût total : 17 600 euros

■ Skema

Skema Business School 92916 Courbevoie 01 41 16 74 61 **Pr reconnu www.skema-bs.fr**

• Master of Science in Financial Markets and Investments. Durée : 1 an. Admission en 1re année : dossier et entretien avec bac + 4. Coût total : 18 930 euros

■ Skema

Skema Business School 06902 Valbonne 04 93 95 44 44 **Pr reconnu www.skema-bs.fr**

• Master of Science in Financial Markets and Investments. Durée : 1 an. Admission en 1re année : dossier et entretien avec bac + 4 ou bac + 3 et expérience professionnelle. Coût total : 18 930 euros

AUTRES ÉCOLES SPÉCIALISÉES

Sont regroupées ici des écoles de natures différentes délivrant également des formations spécialisées en banque ou en assurance.

■ ABS

American Business School of Paris - groupe IGS 75010 Paris 01 80 97 65 50 **Pr Hc www.absparis.com**

• Manager à l'international, option marketing-vente, gestion-finance (programme BBA). Durée : 4 ans Admission en 2e année : dossier, TOEFL, tests et entretien avec bac + 1. Coût total : 31 680 euros.

■ Aftec

Aftec 14000 Caen 02 31 93 22 43 **Pr Hc www.aftec.fr**

• Conseiller financier. Durée : 1 an. Admission : dossier et entretien avec bac + 2. Coût total : 4 920 euros.

Pr Hc : privé hors contrat
Pr Sc : privé sous contrat
A : statut apprenti
S : statut scolaire

Autres écoles spécialisées (suite)

Bernom Sup
Bernom Sup 33000 Bordeaux 05 57 22 42 42 **Pr Hc www.talisformation.com**
• Conseiller financier. Durée : 1 an. Admission en 1re année : dossier, tests et entretien (chaque mercredi jusqu'en juin) avec bac + 2. Coût total : 4 500 euros.

CFA de la CCI du Maine et Loire
CFA de la CCI du Maine et Loire 49015 Angers 02 41 20 53 60 **Consulaire www.maineetloire.cci.fr**
• Conseiller en assurance et épargne. Durée : 1 an. Admission : bac + 2. **A**

CFA de la CCIT 04
CFA de la CCIT du 04 04100 Manosque 04 92 30 91 91 **Consulaire www.cfa04.fr**
• Chargé de clientèle banque-finance-assurance. Durée : 1 an. Admission : bac + 2. **A**

CFA de l'assurance
CFA de l'assurance 92071 Puteaux 01 47 76 58 00 **CFA privé www.ifpass.fr**
• Conseiller en assurance et épargne. Durée : 1 an. Admission : dossier avec bac + 2. **A**

CFA des métiers de la banque et de la finance
CFA des métiers de la finance et de la banque 69009 Lyon 04 78 52 68 31 **CFA privé www.cfpb.fr**
• Chargé(e) d'accueil de clientèle bancaire. Durée : 1 an. Admission : bac. **A**

CFA Faculté des métiers de l'Essonne
CFA Faculté des métiers de l'Essonne 91000 Évry 01 60 79 74 00 **Consulaire www.facmetiers91.fr**
• Conseiller financier. Durée : 1 an. Admission : bac + 2 **A**

Cifa PME
Centre interprofessionnel de formation des apprentis des PME 64100 Bayonne 05 59 46 35 50 **CFA privé www.cifapme.net**
• Conseiller financie. Durée : 1 an. Admission en 1re année : dossier + entretien de motivation avec bac + 2. **A**

Cifa PME
Centre interprofessionnel de formation des apprentis des PME 33000 Bordeaux 05 57 22 42 30 **CFA privé www.cifapme.net**
• Conseiller financier. Durée : 1 an. Admission en 1re année : dossier avec bac + 2. **A**

EBS
European Business School - École européenne de gestion 75015 Paris 01 40 71 37 37 **Pr reconnu www.ebs-paris.fr**
• MBA banque, assurance et marchés financiers. Durée : 1 an. Admission : dossier, entretien en français et en anglais avec bac + 4. Coût total : 8 500 euros.
• MBA finance d'entreprise et stratégie financière. Durée : 1 an. Admission : dossier, entretien en français et en anglais avec bac + 4. Coût total : 8 500 euros.
• MBA International Finance. Durée : 1 an. Admission : dossier, entretien en français et en anglais avec bac + 4. Coût total : 8 500 euros.

Ecofac Business School (ex-Ister)
Ecofac Business School (ex-Ister) 35510 Cesson-Sévigné 02 23 30 00 11 **Pr Hc www.ecofac-bs.fr**
• Diplôme européen d'études supérieures gestion du patrimoine, assurance, banque. Durée : 1 an. Admission en 1re année : entretien, dossier et tests avec bac + 2. Coût total : 5 100 euros.

École de commerce et services du Val de Loire
École de commerce et services du Val de Loire 41034 Blois 02 54 57 25 25 **Consulaire www.ecsvl.com**
• Gestionnaire opérationnel de produits banque-assurance. Durée : 1 an. Admission : bac + 2.

École Pigier
École privée Pigier Bourges 18000 Bourges 02 48 23 14 90 **Pr Hc www.pigier.com**
• Conseiller financier. Durée : 1 an. Admission : entretien de motivation, étude du dossier avec bac + 2.

École supérieure de gestion, commerce et finance
École supérieure de gestion, commerce et finance 31670 Labège 05 61 39 14 71 **Pr Hc www.esarc.fr**
• Bachelor ESG finance. Durée : 1 an Admission : dossier et entretien avec bac + 2. Coût total : 5 570 euros
• Expert en ingénierie financière Durée : 2 ans. Admission en 1re année : dossier et entretien avec bac + 3. Coût total : 12 330 euros.

Ecoris Annecy
École Technique privée Ecoris Annecy 74000 Annecy-le-Vieux 04 50 09 27 98 **Pr Hc www.ecoris.com**
• Chargé de clientèle banque-finance-assurance. Durée : 3 ans. Admission en 1re année : dossier, test et entretien avec bac. Coût total : 15 240 euros.

Ecoris Chambéry
École technique privée Ecoris Chambéry 73000 Chambéry 04 79 69 28 17 **Pr Hc www.ecoris.com**
• Chargé de clientèle banque-finance-assurance. Durée : 3 ans Admission en 1re année : dossier, test et entretien avec bac. Coût total : 15 240 euros.

Eklya - Centre de formation de la CCI de Lyon
Eklya - Centre de formation de la CCI de Lyon 69337 Lyon 04 72 53 88 00 **Consulaire www.cciformationpro.fr**
• Conseiller en assurance et épargne. Durée : 1 an. Admission en 1re année : dossier, test et entretien avec bac + 1. **A**

Ensae ParisTech Malakoff
Ecole nationale de la statistique et de l'administration économique 92245 Malakoff 01 41 17 65 25 **Public www.ensae.fr**
• Diplôme d'ingénieur de l'École nationale supérieure de la statistique et de l'administration économique du Groupe des écoles nationales d'économie et statistique. Durée : 3 ans. Coût total : 2 211 euros.

ENSAI
École nationale de la statistique et de l'analyse de l'information 35172 Bruz Cedex Public 02 99 05 32 32 **www.ensai.fr**
• Diplôme d'ingénieur de l'École nationale de la statistique et de l'analyse de l'information du groupe des écoles nationales d'économie et statistique Durée : 3 ans Coût total : 3 475 euros.

Epseco
École privée supérieure d'enseignement commercial - Epseco 64100 Bayonne 05 59 55 89 55 **Pr Hc www.talisformation.com**
• Conseiller financier. Durée : 1 an. Admission en 1re année : dossier + entretien de motivation avec bac + 2. Coût total : 3 990 euros.

■ **Esa**
École supérieure d'assurances
75020 Paris 01 47 00 17 26 **Pr Hc**
www.esassurances.com
• Chargé(e) de clientèle - assurance et banque. Durée : 1 an. Admission en 1re année : dossier, entretien, tests de culture générale, français, anglais, logique avec bac + 2. Coût total : 5 950 euros.
• Ingénierie et gestion de patrimoine. Durée : 2 ans. Admission en 1re année : dossier, entretien, tests avec bac + 3. Coût total : 13 000 euros.
• Manager de l'assurance. Durée : 2 ans. Admission en 1re année : dossier, entretien (45 min) et tests avec bac + 3. Coût total : 15 700 euros, gratuit en apprentissage **A**
• Manager des risques et des assurances de l'entreprise Durée : 2 ans. Admission en 1re année : dossier, entretien et tests avec bac + 3. Coût total : 8 400 euros.

■ **Esccot**
École supérieure de commerce, de communication et de tourisme
35510 Cesson-Sévigné 02 99 83 44 83 **CFA privé www.groupe-esccot.fr**
• Conseiller commercial spécialisé en assurances de personnes et produits financiers. Durée : 1 an. Admission : dossier, tests psychotechniques et entretien avec bac + 2 validé ou niveau bac + 2 plus 3 ans d'expérience professionnelle. **A**

■ **ESGF**
École supérieure de gestion et finance - Pôle ESG 75011 Paris 01 40 09 09 57
Pr reconnu www.esgf.com
• Bachelor ESG finance Durée : 3 ans. Admission en 1re année : dossier, test et entretien avec bac. Coût total : 21 550 euros.
• Expert en ingénierie financièrerée : 2 ans. Admission : concours propre avec bac + 3. Coût total : 15 400 euros.
• Expert en ingénierie patrimoniale Durée : 2 ans. Admission : dossier, tests écrits et entretien avec bac + 3. Coût total : 14 900 euros.

■ **Esicad**
Esicad, la compagnie de formation 31319 Labège 05 61 39 03 63 **Pr Hc**
www.esicad.com
• Bachelor banque et assurance Durée : 1 an. Admission en 1re année : dossier, tests écrits et entretien de motivation avec bac + 2. Coût total : 5 340 euros.

■ **Esicad**
Esicad, la compagnie de formation
34097 Montpellier 04 67 10 57 56 **Pr Hc**
www.esicad.com
• Conseiller financier Durée : 1 an. Admission : bac + 2. Coût total : 5 700 euros.

■ **ESLSCA**
Paris ESLSCA Business School
75007 Paris 01 45 51 32 59 **Pr reconnu**
www.eslsca.fr
• Analyse financière Durée : 2 ans. Admission en 1re année : bac + 3. Admission en 2e année : bac + 4. Coût total : 18 850 euros.
• Banque, finance et assurance Durée : 2 ans. Admission en 1re année : bac + 3. Coût total : 18 850 euros.
• Finance et négoce international-Trading Durée : 2 ans. Admission en 1re année : bac + 3. Admission en 2e année : bac + 4. Coût total : 19 750 euros.
• Gestion d'actifs-Asset Management-Trading. Durée : 2 ans Admission en 1re année : bac + 3. Admission en 2e année : bac + 4. Coût total : 19 750 euros.
• Gestion de patrimoine. Durée : 2 ans Admission en 1re année : bac + 3. Admission en 2e année : bac + 4. Coût total : 18 850 euros.
• Ingénierie financière. Durée : 2 ans Admission en 1re année : bac + 3. Admission en 2e année : bac + 4. Coût total : 18 850 euros.
• Marketing, banques, assurances et services. Durée : 2 ans Admission en 1re année : bac + 3. Admission en 2e année : bac + 4. Coût total : 18 850 euros.
• Master of Science in International Finance Durée : 2 ans Admission en 1re année : bac + 3. Admission en 2e année : bac + 4. Coût total : 20 950 euros.

■ **ESPL**
École supérieure des Pays de Loire
49066 Angers 02 41 73 20 30 **Pr Hc**
www.espl.fr
• Conseiller financier. Durée : 1 an. Admission en 1re année : dossier, tests et entretien de motivation avec bac + 2. Coût total : 5 500 euros.

■ **Estudia**
Estudia 67000 Strasbourg
03 88 23 77 99 **Pr Hc www.estudia.pro**
• Conseiller financier. Durée : 1 an. Admission : dossier et entretien avec bac + 2. Coût total : 6 500 euros.

■ **Esup**
École supérieure de commerce et management 35000 Rennes
02 99 31 42 43 **Pr Hc www.esup.fr**
• Diplôme européen d'études supérieures gestion du patrimoine, assurance, banque. Durée : 1 an. Admission : dossier et entretien avec bac + 2. Coût total : 3 950 euros.

■ **ETS**
École européenne 75017 Paris
01 44 29 23 60 **Pr Hc**
www.ecole-europeenne.com
• Diplôme européen d'études supérieures gestion du patrimoine, assurance, banque. Durée : 1 an Admission : bac + 2. Coût total : 5 450 euros.

■ **Evolua formation**
Evolua formation 14200 Hérouville-Saint-Clair 02 31 **47 47 00 Pr Hc**
www.evolua-formation.fr
• Chargé de clientèle banque-finance-assurance. Durée : 1 an. Admission : dossier, tests et entretien avec bac + 2. Coût total : 5 250 euros.

■ **Formaction Institut**
Formaction Institut 54710 Ludres
03 54 95 57 41 **Pr Hc**
www.formaction-institut.com
• Diplôme européen d'études supérieures gestion du patrimoine, assurance, banque. Durée : 1 an. Admission : entretien et tests avec bac + 2. Coût total : 3 000 euros.

■ **Groupe formation systèmes**
Groupe formation systèmes 63400 Chamalières 04 73 19 53 00 **Pr Hc**
www.groupeformationsystemes.com
• Chargé de clientèle banque-finance-assurance. Durée : 1 an. Admission : bac + 2. Coût total : 4 290 euros.

■ **Icoges**
Icoges Pays de la Loire 49100 Angers
02 41 25 35 15 **Pr Hc**
www.icoges-paysdeloire.fr
• Diplôme européen d'études supérieures gestion du patrimoine, assurance, banque. Durée : 1 an. Admission : dossier, tests et entretien avec niveau bac + 2. Coût total : 4 850 euros.

Pr Hc : privé hors contrat
Pr Sc : privé sous contrat
A : statut apprenti
S : statut scolaire

Autres écoles spécialisées (suite)

Icoges
Icoges 75015 Paris 01 45 58 17 33/ 01 55 26 95 70 **Pr Hc www.icoges.fr**
• Banque privée internationale. Durée : 2 ans. Admission : dossier, tests et entretien avec bac + 3. Coût total : 10 500 euros.
• Diplôme européen d'études supérieures gestion du patrimoine, assurance, banque. Durée : 1 an Admission : dossier, tests et entretien avec bac + 2. Coût total : 4 600 euros.

ICS Bégué
ICS Bégué 75010 Paris 01 48 07 73 50 **Pr reconnu www.ics-begue.com**
• Bachelor gestion finance audit. Durée : 3 ans. Admission en 1re année : dossier, tests écrits et entretien de motivation avec bac. Coût total : 15 000 euros
• Gestion de patrimoine. Durée : 2 ans. Admission : dossier, tests écrits et entretien de motivation. Coût total : 10 520 euros.

IEA
Institut européen des affaires 92200 Neuilly-sur-Seine 01 47 38 66 00 **Pr Hc www.ieaparis.fr**
• Management financier et gestion de patrimoine. Durée : 2 ans. Admission en 1re année : dossier, entretien et épreuves écrites avec bac + 3. Coût total : 7 560 euros.

IEP Paris
Sciences Po 75007 Paris 01 45 4950 50 **Public www.sciences-po.fr**
• Diplôme de l'Institut d'études politiques de Paris. Durée : 5 ans. Admission en 1re année : dossier de candidature et trois épreuves écrites suivies d'une phase d'admission composée d'un entretien oral pour les titulaires du bac français passé en France ; évaluation du dossier et entretien pour les titulaires d'un diplôme d'études secondaires étranger ou bac français passé à l'étranger ; épreuve d'admissibilité et épreuve d'admission (entretien oral) pour les élèves préparant le bac (sous condition d'obtention du diplôme) dans un lycée ayant conclu une convention de partenariat avec Sciences Po. **A**

IFC Méditerranée
IFC Méditerranée 13008 Marseille 04 91 32 19 29 **Pr Hc www.ifc.fr**
• Conseiller financier. Durée : 1 an. Admission : bac + 2. Coût total : 4 350 euros.

IFC Montpellier
IFC Montpellier 34000 Montpellier 04 67 65 50 85 **Pr Hc www.ifc.fr/ecole/montpellier**
• Chargé de clientèle banque-finance-assurance. Durée : 1 an. Admission : bac + 2. Coût total : 4 500 euros.

IFC Perpignan
IFC Perpignan 66000 Perpignan 04 68 67 42 89 **Pr Hc www.ifc.fr/ecole/perpignan**
• Chargé de clientèle banque-finance-assurance. Durée : 1 an. Admission : bac + 2. Coût total : 4 500 euros.

Institut de formation pour l'emploi et l'entreprise (IF2E)
Institut de formation pour l'emploi et l'entreprise 33700 Mérignac 05 56 49 41 33 **Pr Hc www.if2e.com**
• Conseiller financier. Durée : 1 an. Admission en 1re année : tests de sélection et entretien de motivation avec bac + 2. Coût total : 5 292 euros. **A**

Ilfa
Institut libournais de formation par l'apprentissage 33504 Libourne 05 57 25 40 66 **CFA public www.ilfa.fr**
• Conseiller en assurance et épargne. Durée : 1 an. Admission : CV, lettre de motivation, entretien, permis de conduire B et un véhicule, avec bac + 2. **A**

Institut de formation pour l'emploi et l'entreprise (IF2E)
Institut de formation pour l'emploi et l'entreprise 33700 Mérignac 05 56 49 41 33 **Pr Hc www.if2e.com**
• Conseiller financier. Durée : 1 an. Admission en 1re année : tests et entretien de motivation avec bac + 2 validé. Coût total : 5 292 euros.

Institut de management commercial
Institut de Management Commercial 57070 Metz 09 67 08 82 06 **Pr Hc www.imc-artemys.com**
• Diplôme européen d'études supérieures gestion du patrimoine, assurance, banque. Durée : 1 an. Admission : tests écrits et entretiens de motivation avec bac + 2. Coût total : 4 000 euros.

Institut français des affaires
Institut français des affaires 57000 Metz 03 87 74 00 75 **Pr Hc www.ifa-formation.fr**
• Diplôme européen d'études supérieures banque option place financière luxembourgeoise. Durée : 1 an. Admission : dossier, test et entretien avec bac + 2. Coût total : 4 500 euros.

Institut JJ Rousseau
Institut privé Rousseau 31200 Toulouse 05 61 63 10 12 **Pr Hc www.rousseau-formation.com**
• Diplôme européen d'études supérieures gestion du patrimoine, assurance, banque. Durée : 1 an. Admission : dossier, test et entretien avec bac + 2. Coût total : 4 100 euros.

Isfac
Institut supérieur de formation par alternance et continue 17000 La Rochelle 05 46 45 10 64 **Pr Hc www.formation-isfac.com**
• Conseiller financier. Durée : 1 an. Admission : Bac + 2. Coût total : 4 350 euros.

Istef
Institut supérieur technique d'enseignement et de formation 31685 Toulouse 05 34 41 53 90 **Pr Hc www.istef.fr**
• Chargé d'affaires en banque et assurances. Durée : 1 an. Admission : entretien et tests avec bac + 2. Coût total : 6 500 euros.
• Chargé de clientèle banque-finance-assurance. Durée : 1 an. Admission : entretien et tests avec bac + 2. Coût total : 6 500 euros.

IUM
International University of Monaco 98000 Monaco 00 377 97 986 986 **Pr Hc www.monaco.edu**
• Master of Science in Finance. Durée : 1 an. Admission en 1re année : dossier et entretien avec bac + 3. Coût total : 19 800 euros.

La Touche
Lycée agricole la Touche 56801 Ploërmel 02 97 73 32 89 **Pr Sc www.lycee-latouche.com**
• Diplôme européen d'études supérieures banque option marché de professionnels. Durée : 1 an. Admission : dossier et entretien avec bac + 2. Coût total : 2 900 euros.

Lycée Notre-Dame du Roc
Lycée polyvalent Notre-Dame du Roc 85035 La Roche-sur-Yon 02 51 47 74 74 **Pr Sc nduroc.e-lyco.fr**
• Chargé de clientèle banque-finance-assurance. Durée : 1 an. Admission : bac + 2. Coût total : 2 900 euros.

MBA ESG Paris

MBA ESG Paris 75011 Paris
01 55 25 69 11 **Pr Hc**
www.mba-esg.com

- Expert en ingénierie patrimoniale. Durée : 1 an. Admission : dossier et entretien avec bac + 4. Coût total : 8 150 euros.
- MBA finance et e-contrôle des risques. Durée : 1 an. Admission : dossier et entretien avec bac + 4. Coût total : 8 150 euros.

Sciences Po Lille

Institut d'études politiques (Sciences Po Lille) 59000 Lille
+ 33 (0) 3 20 90 48 40 **Public**
www.sciencespo-lille.eu

- Diplôme de l'Institut d'études politiques de Lille. Durée : 5 ans. Admission **en** 1re année : concours propre avec bac.

Sup Career

Sup Career 75019 Paris
01 42 40 52 78 **Pr Hc**
www.supcareer.com

- Bachelor banque et assurance. Durée : 1 an. Admission : bac + 2. Coût total : 5 900 euros.
- Conseil et gestion patrimoniale. Durée : 2 ans. Admission : bac + 3. Coût total : 13 390 euros.

Sup Management - École des Établières

Sup Management - École des Établières 85300 Challans
09 70 80 82 21
Pr reconnu www.etablieres.fr

- Conseiller financier. Durée : 1 an. Admission en 1re année : dossier et entretien bac + 2. Coût total : 4 100 euros.

Sup-Formation

Sup-Formation 54320 Maxéville
03 83 93 10 40 **Pr Hc**
www.supformation.org

- Diplôme européen d'études supérieures gestion du patrimoine, assurance, banque. Durée : 1 an. Admission : tests, entretien avec bac + 2. Coût total : 3 550 euros.

Weller

Weller International Business School
75017 Paris 01 56 33 76 76 **Pr Hc**
www.weller.fr

- Ingénierie financière. Durée : 1 an. Admission : dossier, tests et entretien avec bac + 4. Coût total : 7 440 euros. **A**

Pr Hc : privé hors contrat
Pr Sc : privé sous contrat
A : statut apprenti
S : statut scolaire

SITES UTILES

Pour en savoir plus sur les métiers et l'emploi dans les secteurs de la banque, de la finance et de l'assurance.

http://

BANQUE

www.afb.fr
Site de l'Association française des banques. Informations sur les conventions collectives et les accords professionnels, les salaires, chiffres clés, liens vers l'Observatoire des métiers de la banque et vers les pages recrutement des banques adhérentes...

www.cfpb.fr
Site du Centre de formation de la profession bancaire, organe de formation de la profession bancaire, qui gère l'institut technique de banque (ITB) et le Centre d'études supérieures de banque (CESB). Offres de formation, e-formation, bilan de compétences, métiers de la banque.

www.fbf.fr
Site de la Fédération bancaire française, organisation professionnelle qui représente toutes les banques en France. Rapports d'activité, dossiers d'actualité, chiffres du secteur, métiers de la banque...

FINANCE

www.afg.asso.fr
Site de l'Association française de la gestion financière. Études, rapports, réglementation.

www.amafi.fr
Site de l'Association française des marchés financiers, organisme représentant les professionnels de la Bourse et des marchés financiers en France : documentation, zoom sur les métiers et activités.

www.efinancialcareers.fr
Site d'offres d'emploi spécialisé dans la banque, la finance de marché, l'assurance, la comptabilité, la gestion, l'audit. Offres d'emploi, actualités et conseil, espace questions/réponses...

www.jobfinance.com
Site d'emploi destiné aux professionnels des secteurs de la banque et de la finance. Annuaire des cabinets de recrutement et des formations, conseils juridiques, fiches métiers, salaires, espace candidats et espace entreprises.

ASSURANCE

www.agea.fr
Site de la Fédération nationale des syndicats des agents généraux d'assurances. Informations sur la profession et sa réglementation, les formations, chiffres clés, publications.

www.amrae.asso.fr
Association pour le management des risques et des assurances de l'entreprise. Présentation des métiers de la gestion des risques en entreprise, espace emploi.

www.csca.fr
Site de la Chambre syndicale des courtiers d'assurances et de réassurances. Informations sur le secteur, la profession et sa réglementation.

www.emploi-assurance.com
Site du pôle carrière de l'Institut de formation de la profession de l'assurance (Ifpass) : fiches métiers, actualités, offres d'emploi, espace candidats, espace entreprises.

www.ffsa.fr/metiersassurance
Site de la Fédération française des sociétés d'assurances : présentation du secteur de l'assurance, chiffres clés, rapports, études et enquêtes.

www.formations-assurance.fr
Portail des formations aux métiers de l'assurance : fiches métiers, catalogue des formations, ressources documentaires, agenda, actualités.

www.institutdesactuaires.com
Site de l'Institut des actuaires, qui représente les professionnels diplômés exerçant la profession d'actuaire et dont les formations sont reconnues par l'Institut. Présentation du métier, formations actuarielles, emploi, espace membres, documents et publications.

www.metiers-assurance.org
Site de l'Observatoire de l'évolution des métiers de l'assurance : présentation du secteur de l'assurance, des métiers, publications en ligne, espace d'échange.

RESSOURCES ONISEP

Les pistes à explorer, proposées par l'Onisep, pour compléter votre information autour des métiers et des formations de la banque, de la finance et de l'assurance.

LES PUBLICATIONS

→ ***Les Métiers du marketing, de la publicité et de la vente*, 2016.**
→ ***Les Métiers du Web*, 2015.**
→ ***Les Métiers de la gestion, de la comptabilité et des ressources humaines*, 2013.**

Trois publications de la collection « Parcours » pour en savoir plus sur des secteurs proches de la banque et de l'assurance.

→ ***Écoles de commerce*, 2015.**
→ ***Classes prépa*, 2015.**
→ ***Écoles d'ingénieurs*, 2015.**
→ ***Université, bien choisir sa licence*, 2015.**

Quatre publications de la collection « Dossiers » pour approfondir votre information sur les modalités d'accès aux écoles de commerce et d'ingénieurs, et pour creuser l'offre de licences et de ces écoles.

Ces documents peuvent être consultés au CDI des collèges et des lycées ou au CIO (centre d'information et d'orientation). Ils sont également en vente sur **www.onisep.fr/lalibrairie**.

Info@

Rencontrer un conseiller au CIO

Pour réfléchir à votre orientation et recevoir une information personnalisée, n'hésitez pas à prendre rendez-vous avec un conseiller d'orientation-psychologue dans le cadre de la permanence assurée dans les lycées publics ou auprès d'un centre d'information et d'orientation (CIO). Plus de 500 CIO : adresses sur **www.onisep.fr**.

LE SITE

onisep.fr

Pour aller plus loin sur les filières de formation évoquées dans cette publication, pour découvrir d'autres métiers de la banque, de la finance et de l'assurance et pour compléter votre carnet d'adresses des formations.

LES VIDÉOS

onisep tv

Différentes vidéos métiers et formations autour des métiers de la banque, de la finance et de l'assurance sur **oniseptv.onisep.fr**.

UN SERVICE

onisep mon orientation en ligne.fr

Vous avez encore des doutes après la lecture de cet ouvrage ? L'Onisep répond personnellement à vos questions. Trois moyens pour nous contacter : par courrier électronique *via* **monorientationenligne.fr** ; par tchat ; par téléphone au 01 77 77 12 25 (appel non surtaxé) ; du lundi au vendredi, de 10 h à 20 h en métropole.

LEXIQUE

Au fil de votre lecture, vous avez peut-être rencontré des termes spécifiques que vous ne connaissiez pas. Définitions.

Action : part du capital d'une société par actions (SA).

Autorité des marchés financiers (AMF) : organisme public indépendant chargé d'assurer le respect des règles de fonctionnement des marchés financiers.

Back office : services d'appui chargés de la vérification des opérations enregistrées par le *front office*.

Big data : ensemble de données clients collectées par informatique.

Bi-licence : possibilité de préparer deux licences simultanément grâce à la coordination des enseignements ; accès sélectif : à réserver aux étudiants très investis.

Bourse : marché qui met en rapport l'offre et la demande de produits financiers (actions, obligations...).

Broker : terme anglais pour « courtier », intermédiaire dans une transaction commerciale.

CAC 40 : sigle pour « cotation assistée en continu ». Principal indice de la Bourse de Paris, il traduit en points l'évolution du cours des actions des 40 sociétés les plus importantes cotées à Paris.

Conformité : respect des normes (légales, réglementaires, professionnelles, déontologiques). Ces normes se renforcent dans les banques, qui ont, depuis 2006 en France, l'obligation d'avoir un responsable de conformité.

Corporate finance : expression anglaise pour « finance d'entreprise ».

Économétrie : discipline rassemblant les techniques statistiques (enquête, sondage, analyse statistique) mesurant des grandeurs économiques et utilisées dans la recherche en économie.

Finance d'entreprise : elle recouvre deux volets : le conseil aux entreprises (vente d'une filiale pour faire évoluer une activité, par exemple) et le financement de projets.

Finance de marché : vente et achat de valeurs (actions, obligations, devises...).

Franchise : part des dommages qu'un assuré garde à sa charge.

Front office : ensemble des professionnels de la banque en contact direct avec les clients et les marchés (chargés de clientèle, traders, gérants de portefeuille...). Leurs opérations sont vérifiées et traitées par le *middle office* et le *back office*.

IARD : abréviation utilisée dans le monde de l'assurance pour incendie, accidents et risques divers (en opposition avec l'assurance de personnes).

Mandataire : personne chargée d'agir pour le compte d'un particulier ou d'une entreprise.

Mastère spécialisé (MS) : titre créé par la Conférence des grandes écoles (CGE) et se préparant en 1 an au minimum après un bac + 5.

Middle office : services d'appui chargés de vérifier les transactions et d'assurer un contrôle des risques.

Mutuelle : association à but non lucratif qui, moyennant une cotisation, offre à ses adhérents un complément de remboursement de certains frais médicaux non couverts par la Sécurité sociale, une protection sociale (maladie, maternité, invalidité, vieillesse, décès), des compléments de retraite...

Obligation : part de la dette d'un organisme.

Patrimoine : biens possédés sous forme de liquidités, de propriétés immobilières, d'investissements financiers, d'objets

Info salaire

Les données salaires utilisées dans cette publication proviennent de différentes sources. Elles concernent le plus souvent les débutants. Selon les cas, les salaires sont exprimés en brut (avant prélèvement des cotisations sociales) ou en net (somme que le salarié touche effectivement). Pour vous repérer :

⊘ Salaire équivalent au Smic (salaire minimum) : **1466 € brut mensuel** en 2016.

⊘⊘ Salaire intermédiaire pour le secteur.

⊘⊘⊘ Parmi les hauts salaires du secteur.

d'art... À partir d'un certain montant de revenus, la gestion du patrimoine, aussi appelée « gestion de fortune », donne lieu à des métiers de conseil spécifiques.

Portefeuille : ensemble des valeurs financières (actions, obligations) appartenant à une personne ou à une entreprise cliente. Designe aussi l'ensemble des clients qu'un conseiller a en charge.

Prospect : client ou fournisseur potentiel.

Réassurance : assurance des sociétés d'assurances.

Relation client : la gestion de la relation client (GRC), ou en anglais *customer relationship management* (CRM), désigne les techniques utilisées pour fidéliser une clientèle.

Risk management : activité consistant à mesurer les risques encourus par les entreprises, afin de mettre en place les garanties adaptées.

RNCP : Répertoire national des certifications professionnelles. Renseigne sur le niveau de qualification atteint à l'issue d'une formation, ce niveau ne correspondant pas forcément au nombre d'années d'études suivies.

Salle de marché : dans les grands établissements bancaires et financiers, salle spécialisée où travaillent les opérateurs intervenants sur les marchés financiers (traders).

Trading : opérations d'achat et de vente d'actions ou d'obligations, ou autres titres financiers.

VIE : volontariat international en entreprise. Dispositif qui permet à des jeunes de 18 à 28 ans d'effectuer une mission de 6 à 14 mois dans une entreprise française à l'étranger.

LISTE DES SIGLES

APB : Admission post-bac, portail d'admission dans l'enseignement supérieur.

BTS : brevet de technicien supérieur.

CDD : contrat à durée déterminée.

CDI : contrat à durée indéterminée.

CFA : centre de formation d'apprentis.

CPGE : classes préparatoires aux grandes écoles.

Dares : Direction de l'animation de la recherche, des études et des statistiques du ministère de l'Emploi.

DUT : diplôme universitaire de technologie.

ECTS : (crédits) *European Credits Transfer System* (Système européen de transfert de crédits) ; validation de semestres d'études.

ES : (bac) économique et social.

IUT : institut universitaire de technologie.

L : (bac) littéraire.

LEA : (mention) langues étrangères appliquées.

MBA : *master of business administration.* Titre délivré par les écoles de commerce, surtout destiné à des cadres expérimentés.

MS : mastère spécialisé.

ONG : organisation non gouvernementale.

QCM : questionnaire à choix multiples.

S : (bac) scientifique.

STMG : (bac) sciences et technologies du management et de la gestion.

STS : section de techniciens supérieurs.

TOEFL : *Test of English as a Foreign Language* (test d'anglais langue étrangère).

TOEIC : *Test of English for International Communication* (test d'anglais pour la communication internationale).

INDEX

A

B

C

D

E-F

G

L-M

R-T

onisep • Office national d'information sur les enseignements et les professions • Ministère de l'Éducation nationale, de l'Enseignement supérieur et de la Recherche • Publication de l'Onisep : © Onisep juillet 2016 • Directeur de la publication : George Asseraf • Directrice adjointe de la publication : Marie-Claude Gusto • ÉDITIONS CROSS-MÉDIA > Cheffe de département : Christiane Arcade-Giraud • Adjointe : Stéphanie Desmond-Simon • Rédaction en chef : Carole Gibrat • Rédaction : Marion Lafond, Mélanie Mangialetto, Agnès Millet • Secrétariat de rédaction : Julien Retaillaud • Correction : Valérie Doineau • Administratrice technique éditoriale : Saliha Hamzic • RESSOURCES DOCUMENTAIRES > Chef de département : Gilles Foubert • Documentation : Marie Forestié • Ingénierie documentaire : Alexa Lecherbonnier • FABRICATION > Cheffe de service : Marie-Christine Jugeau • Photogravure : Key Graphic (Paris) • Imprimeur : Jouve, sur papier certifié PEFC • STUDIO > Chef de service et direction artistique : Bruno Delobelle • Maquette et mise en pages : Corinne Dastot • Iconographie : Christelle Michelet • Reportage photo : Grégoire Maisonneuve • Couverture : Cyril Lauret • DIFFUSION ET COMMERCIALISATION > Onisep VPC - 12, mail Barthélemy-Thimonnier, CS 10450 Lognes, 77437 Marne-la-Vallée Cedex 2 • Internet : onisep.fr/lalibrairie • Relations clients : service_clients@onisep.fr • Diffusion-distribution Belin : 27301282 • Code de diffusion Onisep : 901282 • ISSN : code collection 1765-9329 • ISBN papier : 978-2-273-01282-9 • ISBN numérique : 978-2-273-01292-8 • PUBLICITÉ > Mistral Média - 42, avenue Kléber, 75016 Paris • Tél. : 01 40 02 92 60 • Contacts : Directeur général : Luc Lehéricy (luc.lehericy@mistralmedia.fr) • Directeur commercial : Vivian Favro (vivian.favro@mistralmedia.fr) • Plan de classement Onisep : ART 25 00 00 00 • Le kiosque : Finance-banque • Dépôt légal : juillet 2016 •

PEFC 10-31-1510